Joaquín de Saint Aymour

Conexión cuántica

Claves para convertir lo imaginado en realidad

Cómo sincronizar con todo lo que deseas

Ediciones Obelisco

Sin embargo, aunque la idea sostenida por Binet era plausible, su método presentaba graves errores, como se ha venido demostrando. No es cierto, por ejemplo, que la inteligencia del ser humano sea sólo la de su aspecto más cartesiano, racional, numérico y gramatical (algebraico). Y tampoco lo es que quede fijada en el nacimiento y sea prácticamente inmutable para el resto de la vida. Al establecerlo de este modo, Binet huía de un determinismo para caer en otro.

Como han demostrado recientes investigaciones en el ámbito de la neurología, la inteligencia humana puede cultivarse y potenciarse a lo largo de la vida, incrementando la eficacia en aquellas áreas menos favorables o proclives, porque desde luego no toda persona es igual a otra, pues de lo contrario seríamos clones. En este sentido, la prestigiosa revista *Nature* realizó años atrás un análisis estadístico analizando más de 200 estudios sobre Coeficiente Intelectual, publicado por Bernard Devlin, donde quedó bien patente que los genes suman apenas una importancia global del 48 % en la totalidad de lo que llamamos inteligencia según el CI. El 52 % queda bajo la influencia de múltiples factores, entre ellos el ambiente y las circunstancias fortuitas e impredecibles.

Tal era su admiración cartesiana por la lógico-semántica, que Alfred Binet estableció la inteligencia del ser humano dependiendo en gran medida de sus habilidades intelectuales para el razonamiento verbal y matemático. Una visión muy pobre y limitadora, tal como han demostrado la sociología y la neurología, pues la enorme plasticidad del cerebro permite ampliar su gestión más allá de tan escasa esfera y durante toda la vida.

Según la teoría de las Inteligencias Múltiples, presentada en 1993 por el psicólogo Howard Gardner, todo ser humano nace con al menos siete tipos de inteligencia diversa, más allá de lo matemático-semántico, de la razón y de la lógica, pues entre las otras inteligencias hay que destacar la Visual/Espacial, la Musical/Rítmica, la Corporal/Kinestésica, la Interpersonal y la Intrapersonal.

Los avances en el estudio de la mente y el cerebro han determinado que la capacidad humana es mucho más amplia, flexible y multidimensional de lo que se pensaba. Por ejemplo, que cualquier cerebro es capaz de asimilar siete acontecimientos por segundo durante toda la existencia biológica y todavía le queda *disco duro* suficiente para proseguir aprendiendo hasta el final.

Pero el hallazgo más importante de los últimos años en la comprensión de cómo ampliar la inteligencia es que la mente no radica sólo en el cerebro, tal como ya insinúa desde hace miles de años el budismo, sino también en todas las células del cuerpo, en particular en el sistema nervioso central, destacando como dato espectacular el descubrimiento de las *neuronas espejo*, que pueden comunicarse a distancia como lo haría una red wi-fi, así como la existencia del Generador de Aleatoriedad, un GPS mental y neurológico que nos reconecta con la decisión más acertada posible según lo que desea cada cual.

Como afirma el prestigioso neurólogo Candace Pert, «La separación tradicional entre los procesos mentales (incluidas las emociones) y el cuerpo ha dejado de ser válida». Y en este sentido, el concepto más contemporáneo de inteligencia llegó de Estados Unidos en 1995, desarrollado por el psicólogo estadounidense Daniel Goleman, que durante años investigó la capacidad para obtener éxito y ser feliz en la vida, estudiando a miles de personas desde su juventud a su madurez. A este nuevo concepto lo denominó *Inteligencia Emocional* (*Emotional Intelligence*) y causó un gran revuelo en la comunidad científica, al introducir por primera vez el nebuloso y subjetivo término *emocional* en el concepto racionalista y cartesiano de la lógica deductiva e intelectual.

La Inteligencia Emocional defiende la importancia de los sentimientos y las emociones en contra de una excesiva valoración de la inteligencia analítica y racional evaluada por los test convencionales. En esencia, esta inteligencia consiste en saber manejar los propios sentimientos y reacciones ante las circunstancias y las personas con las que uno se relaciona. «Las habilidades interpersonales son las que nos permiten relacionarnos con los demás, motivarlos, inspirarlos, persuadirlos, influirlos y tranquilizarlos», indica Daniel Goleman.

Este nuevo enfoque psicológico permite sacar lo mejor de uno mismo y de los demás, cualificar las relaciones intrapersonales e interpersonales y salir siempre airoso e íntegro, incluso cuando no conseguimos aquello que deseamos. Requiere tener la capacidad de renuncia y elección (saber aplazar los deseos momentáneos de satisfacción inmediata en favor de otros mucho mayores en el futuro, y, al mismo tiempo, saber elegir, entre las numerosas posibilidades, la más acertada para el momento y la ocasión). La Inteligencia Emocional es una sabia mezcla de libertad, flexibilidad y capacidad de aprender de las situaciones negativas y de los propios errores. Así lo expresa Goleman: «Ser consciente de lo que uno siente es el primer paso para conseguir cierto autocontrol. No se trata de reprimir los sentimientos, sino de canalizarlos adecuadamente».

Con todo esto surge la pregunta de si la inteligencia depende de la capacidad cerebral. Pero ¿cuánta capacidad de gestión tiene un cerebro humano? ¿Es comparable a la del más poderoso cerebro electrónico creado a su vez por el ser humano? ¿Puede la Inteligencia Artificial (IA) superar a la humana? Son preguntas casi de ciencia ficción, que contestaremos con datos y razones más adelante. Baste ahora con decir que la capacidad procesadora de nuestro cerebro es tan fabulosa que su dígito es el número 1 seguido de casi once kilómetros de ceros.

Eso fue lo que dedujo el psicólogo ruso Piotr Anojin (discípulo del célebre Ivan Pavlov) en 1868 en la Universidad de Moscú. Anojin comparó la mente humana con «un instrumento musical multidimensional que podría tocar un número infinito de piezas al mismo tiempo». El investigador ruso echó por tierra la teoría de Binet, respecto a que la inteligencia queda fijada en el nacimiento y ya no evoluciona, al comprobar que cada persona goza de un potencial casi ilimitado. Con ello avanzó algo que sólo ahora hemos comenzado a comprender: que la capacidad generada por el cerebro humano es virtual, *cuántica*, según como la conciencia interprete (y materialice) la realidad que lo rodea.

Primera parte

Realidad material contra realidad virtual

La mayoría de la gente piensa que la realidad es lo material. Y lo material es aquello que una persona puede ver y tocar. Esto es un modo de percepción muy limitado, porque la luz infrarroja, la misma que sirve para que funcionen los mandos a distancia, no se puede ver, y, sin embargo, es muy real. Tampoco se puede ver la electricidad, pero nadie puede pasar sin ella. En otras palabras: cuando nos referimos a lo real no sólo hablamos de la materia, sino también de otras cualidades o estados físicos y naturales, como la energía.

La Física Cuántica dice que, a veces, la materia puede permanecer en un estado, digamos que latente, disociada, cobrando la forma de onda, como la luz (energía). Porque la luz se compone de partículas (fotones) muy pequeñas, pero totalmente mensurables y, desde luego, *reales*. Un fotón es una partícula en estado de onda, del mismo modo que una nube no es otra cosa que agua en estado gaseoso.

Al igual que con los fotones, también existen muchas otras partículas más pequeñas que los átomos, y por eso la Ciencia las denomina subatómicas. Al ser tan diminuta, una partícula subatómica no existe como materia, sino en el estado de onda, a pesar de que puede llegar a ser materia en milésimas de segundo. Esto es lo que la Ciencia califica como *función de onda*, *onda de probabilidad* o *colapso cuántico*, que son conceptos que emplea y desarrolla la física nuclear.

Por muy pequeña que sea una partícula, aunque tan sólo exista como vibración, siempre es algo real. Quizá tan real y al mismo tiempo difuso como la imaginación, lo que podría encajar con el concepto de realidad virtual, como si a nivel cuántico fuera posible combinar lo analógico y lo digital. Por ese motivo existe un vínculo muy profundo entre la neurología y la materia, que fue descubierto a mediados del siglo XX por el psicoanalista suizo Carl Jung y el físico atómico austríaco Wolfgang Pauli.

Con el paso del tiempo, la ciencia les ha dado la razón, ya que la Física Cuántica sostiene que la percepción humana, la conciencia, puede transformar lo que tan sólo es una onda en su *versión* material. Dicho de otro modo, el ser humano tiene la facultad de convertir en realidad lo que tan sólo era una probabilidad en potencia, por medio de un acto mental. Ya lo dijo Albert Einstein: «El mundo que habitamos es una creación de nuestra propia mente». O en palabras de Lacan: «La realidad es aquello que, imposible de ser simbolizado, queda eximido respecto a lo simbólico».

Mente subconsciente y simbolismo

A lo largo de la historia, cuando al ser humano le resultaba imposible describir y comprender algún fenómeno complejo lo codificaba convirtiéndolo en un símbolo. Así es como nacieron oráculos como el I-Ching o el Tarot, cuyo simbolismo ancestral Jung tardó años en descodificar, creando con ello su reveladora teoría sobre los Arquetipos y el Inconsciente Colectivo.

Fue Wolfgang Pauli quien sugirió a Jung que para describir la contradictoria complejidad del mundo infinitesimal de las partículas subatómicas tendría que recurrir a un paradigma simbólico, parecido al de los oráculos y los mitos ancestrales, como el Espejo Mágico. Para Pauli, la realidad era el campo virtual donde se reflejan como en un espejo la mente y la materia. Y dicho campo, dedujo Carl Jung, radica en la mente inconsciente, donde no podemos acceder de modo consciente. Los oráculos ancestrales no eran para Jung sistemas de adivinación, como todavía se cree, sino medios para vincular de nuevo la escisión entre Inconsciente Colectivo y la mente subconsciente de cada individuo. Así es como creó su particular método psicoanalítico, denominado Individuación.

Mensajeros cuánticos

Imagina dos espacios divididos por un grueso muro de piedra que tiene varias aberturas, tan estrechas como las rendijas de un buzón. En una parte del espacio estás tú, todo el mundo conocido y las personas que lo habitan. Es decir: la realidad. Pero resulta que al otro lado del muro hay *otro mundo*, completamente desconocido para ti, desde donde te llegan mensajes de vez en cuando. Parece una locura, como la confusión mental propia de un esquizofrénico, y, sin embargo, ese *otro mundo* existe.

En realidad, existen cuatro formas distintas para que te llegue un mensaje del otro lado, y la forma de acceder determina el contenido (y significado) mismo del mensaje. Tú no puedes influir en el envío de un mensaje, no sabes cuándo vendrá, del mismo modo que no conoces cuándo llegará el cartero a tu casa con una carta o un paquete postal. Ni tampoco cuándo alguien de tus amigos/as, clientes/as o admiradores/as te enviará un correo electrónico o un mensaje telefónico.

Otra particularidad es que por el hecho de que pidas un mensaje no te llega. Tu voluntad no ejerce ningún control sobre los envíos. Aunque a veces puede ocurrir que por azar coincida tu deseo con el envío de mensaje, momento en que calificas el hecho de *casualidad*. Pero la mayor parte del tiempo reclamas alguna información sobre lo que deseas y no sucede nada, como si no hubiera nadie al otro lado del muro y estuvieras volviéndote loco. Entonces, cuando menos te lo esperas, llega. No hay forma de controlar el proceso, aunque te gustaría mucho poder hacerlo.

La primera forma de que llegue un mensaje del otro lado del muro se parece al modo en que el cartero introduce una carta por la rendija del buzón. Cruzando una de las aberturas abiertas en el muro te llega un sobre del otro lado, lo abres y extraes el contenido. Unas veces puede ser una frase, y otras una imagen o un objeto. En algunas ocasiones lo enviado tiene lógica, y en bastantes otras, ninguna, en forma de paradoja o enrevesado simbolismo, como sucede muchas veces cuando sueñas. Intentas descifrar el significado del mensaje. En algunas ocasiones te parece que lo tienes claro y en otras todo es muy críptico y sin sentido. No encuentras mucha utilidad en ello, aunque a la gente le gusta recibir mensajes y *casualidades*.

La segunda forma en la que puede llegar un mensaje es por medio del sonido. Al otro lado del muro debe haber algo semejante a un potente altavoz. De vez en cuando se activa y emite un mensaje sonoro. El sonido llega en esta ocasión a través de todas las rendijas, porque al ser una onda penetra por cualquier parte que no le suponga un impedimento físico para su propagación por el aire. Y ésa es la diferencia: el sobre de papel (físico y tangible) sólo puede penetrar por una de las entradas, aunque cada vez llega a tus manos por una distinta, cosa que tú nunca puedes adivinar como no sea por casualidad.

Por el contrario, el sonido entra por todas las rendijas a la vez. Pero aun así, sucede lo mismo que cuando recibes un sobre: unas veces comprendes el mensaje que se ha propagado como el sonido, aunque otras muchas lo que oyes no tiene ningún sentido para ti, como si lo emitieran usando un lenguaje desconocido, quizá encriptado, y tú necesitaras la clave para descodificarlo.

La tercera forma en que puede llegar un mensaje es por medio de la luz, lo que se parece al funcionamiento del cine. De hecho, en ocasiones, un chorro de luz atraviesa las rendijas y tú observas la proyección que se emite contra la pared que hay enfrente del muro, intentando descifrar el significado de las imágenes. Como la luz también es una onda (en este caso visual), penetra igual que lo hacía el sonido, por todas las rendijas al mismo tiempo y con la misma intensidad.

El mensaje luminoso es intangible, pero al mismo tiempo es real. Incluso puede tener también banda sonora. Sin embargo, aunque algunas veces lo que observas parece que cobra cierto sentido, en otras muchas ocasiones no ves más que un cúmulo de imágenes incomprensibles, todo muy simbólico, que no logras descifrar.

La cuarta forma en que te puede llegar un mensaje del otro lado es la más extraña de todas, porque no ves ni oyes nada, aunque de pronto surge una idea en tu mente; unas veces ocurre durante la vigilia y otras cuando duermes, en forma de sueño. Te preguntas cómo ha llegado eso a tu interior, pero no lo comprendes. No ha ocurrido, en apariencia, ninguna manifestación física en las rendijas de comunicación entre ambos mundos. Presupones que al otro lado del muro hay alguien que emite mensajes a través de varios medios, pero no sabes quién, o cuántos mensajeros hay, ni por qué lo hacen. Desconoces el modo demasiado simbólico y extraño en el que muchas veces llegan los mensajes. Percibes que al otro lado del muro, aunque parezca un espacio vacío, bulle una gran actividad.

Casualidad y Causalidad

Un día sientes curiosidad y te asomas a una rendija. Lo que ves te deja perplejo, porque no distingues nada concreto. Imagina que te asomas a otra rendija distinta y no comprendes tampoco lo que ven tus ojos. Cansado de asomarte a todas las rendijas y de que nada de lo que miras tenga sentido, acudes a casa de un anciano que vive en las afueras y que tiene fama de que lo sabe todo. El anciano te recibe muy amable y ríe cuando le cuentas tu *problema*. No le veo la gracia, piensas tú, desconcertado por su buen humor.

—Lo que pasa –explica el sabio anciano– es que en esta parte del muro percibimos un tipo de realidad y en la otra existe otra realidad. La nuestra está mediatizada por las leyes de la física convencional, deterministas y predecibles, donde impera la causa y el efecto, la *causalidad*. Según la causalidad, toda consecuencia tiene un motivo. La manzana cae del árbol por efecto de la fuerza gravitatoria, etcétera. La nuestra es una realidad lineal, pautada por el tiempo, el pasado, el presente y el futuro. Nacemos, crecemos y envejecemos, aunque tenemos la sensación de que vivimos en un presente continuo. Pero al otro lado del muro la realidad es cuántica, y eso significa que no es lineal, que la causa no está en función del efecto, es más casual que causal y ocurre gobernada por eso que denominamos azar. En la realidad cuántica no hay tiempo, todo es simultáneo, es lo mismo pasado, presente y futuro.

—¿Por qué son tan diferentes ambas realidades?

—Son las dos caras de una misma moneda. Nuestra realidad la hemos creado nosotros, el ser humano desde hace milenios, por eso es una concepción mental, influida por todo el amplio ámbito de conceptos, leyes, interpretaciones y experiencias acumuladas, pero no es la única realidad posible.

—Pero yo no distingo ninguna otra realidad más que la que veo.

—Aunque la materia sea tan pequeña que no la veamos, existe. Y en ese ámbito de lo pequeño también hay mundos, donde la materia es tan pequeña, convertida en átomos, que ya no tiene consistencia de materia, sino de onda o vibración.

—¿Por eso no entiendo lo que veo al otro lado al asomarme por las rendijas?

—Claro, porque las rendijas del muro y tu propia percepción de la materia pertenecen a este mundo, y no al otro. Sólo comprendemos de acuerdo con la información que tenemos previamente acumulada en la mente desde que nacemos, por imperativos de la genética y luego de la experiencia, la información que cada uno recibe y muchas otras variables.

—Pero entonces, ¿el otro lado está vacío, como el espacio sideral?

—En esa otra parte no hay objetos y personas como en esta parte del muro, sino vibración. La realidad cuántica no es absoluta, sino fractal, una pequeña porción manifestada lo es todo al mismo tiempo, pero ese todo es tan grande que resulta incomprensible para la mentalidad que tenemos en esta parte del muro. Cuando eliges una de las rendijas para espiar lo que ocurre al otro lado sólo ves una imagen parcial de la realidad cuántica, por eso no la comprendes. Para entender lo que hay al otro lado tendrías que asomarte por todas las rendijas a la vez, y para poder hacer eso tendrías que ser onda, no materia. Por tanto, es tu propia conciencia la que te impide distinguir la realidad cuántica.

—No entiendo qué tiene que ver la conciencia en todo esto.

—La conciencia distorsiona la realidad cuántica en el preciso instante en que la percibes al penetrar en tus ojos en forma de ondas hacia tu mente para que la procese tu cerebro y te ofrezca un diagnóstico de lo que has visto.

—¿Por eso no podemos ver la realidad cuántica tal como es?

—Correcto, aunque no hay una sola realidad cuántica, sino infinitas, o por lo menos tantas como puedan caber codificadas dentro del Universo. Nosotros vemos una única realidad porque nuestro cerebro está programado por la información acumulada y la genética para que funcione como lo hace, no de otro modo. Por eso, cuando te asomas por una rendija, lo que ves ya no es la realidad cuántica del otro lado, sino lo que acabas de distorsionar en ese momento influido por tu mente, por la concepción de la realidad material registrada desde hace milenios en el cerebro. Al percibir una nueva realidad, la mente cambia, tu estado físico (cuántico) es distinto al que tenías antes de haber mirado, porque a nivel infinitesimal, tú también eres materia en vibración. Al cambiar tu estado interior, tu realidad exterior también lo hace como consecuencia.

—Entonces, ¿los mensajes que me llegan a veces, de una forma o de otra, tienen la finalidad de cambiarme?

—Puedes considerarlo así, aunque nadie sabe quién los envía. Dependiendo de las filosofías o las religiones, creadas por el ser humano para traducir toda esta complejidad, unos opinan que los mensajes los envía tal vez algún ser divino y sobrenatural, y otros que se trata de un centro gravitatorio universal denominado Punto Omega, de donde emana todo. La Ciencia tampoco tiene una explicación para este fenómeno. La física nuclear opina que lo que transmiten dichos *mensajes* puede ser considerado destellos cuánticos, reflejos de la otra realidad inmaterial, vinculada con la nuestra de un modo invisible y desconocido. A veces, cuando el cerebro está en estado de máximo reposo, la mente –muy relajada, y suspendida cualquier influencia de conceptos asumidos, cuando dejamos de pensar (lo cual cuesta bastante, porque siempre lo estamos haciendo)–, nuestra conciencia, enlaza, del mismo modo que una señal wi-fi, con el otro lado, con la realidad cuántica, y entonces nuestra mente traduce la conexión en forma de mensaje. Sin embargo, lo que llamamos mensaje no es más que la traducción que hace nuestra mente al observar el mundo cuántico. Cada observador traduce lo que observa de manera diferente, por lo que cada uno recibe un mensaje distinto, según la orientación de su propia conciencia, que actúa como catalizador de la vibración cuántica. Este proceso puede ocurrir de forma consciente o subconsciente. La manera subconsciente ocurre cuando estamos dormidos o en un estado de duermevela. La consciente puede controlarse al entrar en un estado de máxima relajación física y mental, inducido voluntariamente, como puede suceder durante la meditación.

—¿Y así podemos ver la realidad cuántica?

—Ya te digo que no hay una sola realidad, sino infinitas. Lo que percibimos no es más que una parte del Todo, que, sin embargo, también es el Todo. Pero esa parte se convierte en realidad material cuando la observamos. Así es como cada uno de nosotros, y según la influencia particular de nuestra conciencia, vamos materializando la realidad que nos rodea. Por eso, para unos la realidad que materializan es mejor que para otros.

—¿Podemos influir en todo ese proceso?

—Podemos influir en la conexión que vincula el mundo material con el mundo cuántico, a través de la mente, observando la realidad cuántica con el enfoque de conciencia más adecuado.

—¿Y cuál es el enfoque más adecuado?

—El que cada uno decida, según lo que desea obtener.

—Entonces, ¿puedo materializar lo que pienso?

—Sí, pero no cualquier tipo de pensamiento, sino mediante un tipo de actividad cerebral suscitada particularmente para que capte los destellos que llegan del *otro lado*, lo que tú denominas *mensajes*. Cuando un destello cuántico incide sobre lo que has configurado en tu conciencia, se produce un *salto cuántico*, llamado también *colapso cuántico*, y lo que antes era onda se transforma en materia. En ese momento, forma ya parte de tu mundo.

—¿Cómo sucede algo así?

—El enfoque adecuado de la conciencia cataliza las vibraciones cuánticas, frenando el giro vertiginoso propio de las partículas subatómicas y reordenando sus vectores o ángulos cuánticos, aglutinándolos en el espacio y en el tiempo, para convertirlos en materia, en realidad física.

—Eso es algo semejante a la magia.

—Muy parecido.

—¿Puede usted mostrarme cómo se hace?

—Sigue leyendo y lo sabrás.

El espejo mágico

El mundo cuántico está separado del nuestro (físico y material) mediante una frontera bastante difusa, que puede ser atravesada por las partículas atómicas en vibración, pero no por los objetos materiales. Imagina un espejo, pero no uno cualquiera, sino uno mágico. El espejo común refleja la luz e impide que pasen los fotones a través de él. Pero el espejo mágico deja pasar las partículas atómicas en una y otra dirección. Por ese motivo es negro, pues en el mundo cuántico no existe la luz tal y como la observamos nosotros.

La fábula del espejo mágico que al atravesarlo te permite penetrar en otro mundo ya la desarrolló magistralmente Lewis Carroll en sus célebres narraciones de *Alicia y el País de las Maravillas*, un buen paradigma con el que poder explicar la influencia de lo cuántico en la vida cotidiana.

La frontera del espejo mágico divide ambos mundos, impidiendo que la materia entre del nuestro al cuántico.

Ni siquiera puedes mirar dentro, porque al hacerlo, tu conciencia distorsiona la realidad que vibra en la otra parte. Al otro lado del espejo mágico no rige ni el tiempo ni el espacio tal como lo comprendemos. Pasado, presente y futuro, cerca o lejos no influyen en la vibración de las partículas, cada una con su función de onda diferente.

Si atravesaras dicha frontera no envejecerías ni existirían distancias para ti. Al atravesar el espejo, las partículas atómicas que configuran el cuerpo humano elevarían su giro a la velocidad de la luz, de manera que desaparecerías, pasando al nivel de onda, cuya particularidad es estar en todas partes a la vez, aunque de manera inmaterial, o, lo que es lo mismo, *virtual*.

Puede que todo esto explique la existencia del mundo metafísico, por ejemplo la bilocación (estar en dos lugares a la vez), la proyección astral, el alma, el espíritu, los fantasmas y los ángeles. Y también la inmortalidad, que tanto desea el ser humano desde que nace. Las religiones más importantes, como el budismo, el hinduismo, el islam, el taoísmo y el cristianismo así lo aseguran. La resurrección, la vida en otros mundos, llámese Cielo, Nirvana, etcétera, sería posible según los últimos hallazgos de la Neurología y la Física Cuántica.

La mente es inmortal

No es tan descabellado. Algunos científicos ya trabajan en una síntesis de todas las neuronas que configuran el cerebro humano para codificarlas informáticamente y que no se pierda toda esa información cuando la persona muera, como el prestigioso profesor de Neurociencia Computacional del Instituto Tecnológico de Massachusetts (MIT), adscrito a la Universidad de California, Sebastian Seung. ¿Qué pasaría si lo volcásemos en un potente ordenador?, se pregunta. ¿Sería una forma de resurrección? ¿Puede la mente humana trascender más allá de la muerte física?

Lo que denominamos alma o espíritu sería una proyección cibernética de la materia (del hombre o de la mujer), la simulación virtual de un ser humano material transformado en luz (fotones) al atravesar la frontera del Espejo Mágico. Tal vez los ángeles de la Iglesia católica sean lo mismo que los *bodhisattvas* del budismo, *espíritus* con el poder para cohabitar (e influir) en ambos mundos, a los dos lados del espejo. De hecho, *bodi* significa «iluminado», una clara distinción de la naturaleza luminosa (cuántica) del espíritu. Quizá los dioses y los demonios, presentes de un modo u otro en la mayoría de los cultos creados por el ser humano, sean *entidades* virtuales que pueden habitar en las dos partes de la frontera cuántica.

Naturalmente, la Ciencia lo explica de otro modo. Para la física convencional, dos imágenes de la misma longitud de onda no pueden cohabitar al mismo tiempo en el mismo plano físico. Pero según el Principio de Incertidumbre propugnado por el célebre teórico cuántico alemán Werner Heisenberg, una partícula nuclear puede habitar en cualquier momento y en varios lugares a la vez, sin que le influya el tiempo ni el espacio. Esto se parece mucho a la bilocación o don de la ubicuidad usado por algunos místicos, tanto del budismo como del catolicismo, lo cual demuestra hasta qué punto el observador humano interviene modificando el sistema que observa. No es una teoría, sino un nuevo paradigma científico que debemos adoptar para comprender la Física Cuántica.

El físico John Wheeler explicó así el ejemplo del Espejo Mágico que venimos utilizando para comprender toda esta nueva ciencia: «Teníamos una antigua idea de que hay un universo allí fuera, y aquí está el ser humano, el observador, protegido con seguridad del Universo por una plancha de vidrio cilíndrica de seis pulgadas. Ahora aprendemos del mundo cuántico que, incluso para observar un objeto tan minúsculo como un electrón, tenemos que romper ese vidrio cilíndrico. De modo que la antigua palabra observador simplemente tiene que ser eliminada de los libros y debemos sustituirla por la palabra participante».

No obstante, el proceso descrito se produce a nivel de la mente subconsciente, sin la participación de la conciencia. Dicho de otro modo: la persona no es consciente de cómo y cuándo modifica la realidad cuántica, por eso la gestión inconsciente de la mente sobre la materia no produce resultados, debido a las fuerzas contrarias, divergentes o en oposición, sin focalizar sobre un objetivo en concreto, que ocasiona el pensamiento disperso. Esta turbulencia mental contrarresta el fenómeno, lo neutraliza.

Estado Cuántico

Para que la mente logre materializar una idea, base de cualquier elemento físico que pueda realizar el ser humano, debe ajustar su foco sobre lo que desea, intensificar la potencia de atención e intención sobre al menos tres ámbitos: lo que piensas, lo que imaginas y lo que sientes. Ésta es la base de lo que Carl Jung definió como Pensamiento Sincrónico, que vamos a estudiar con todo detalle más adelante, para que sepas cómo aplicarlo.

¿Pero durante cuánto tiempo hay que repetir dicha gestión psicológica y emocional? No es posible establecer un tiempo mínimo para que el Pensamiento Sincrónico empiece a generar un resultado, ya que cada persona conlleva su propio estado cuántico, la suma de todo lo que ha pensado, imaginado y sentido desde que nació. Dicha suma es el resultado de la persona en la que se ha convertido con el paso del tiempo, lo cual engloba todo su físico y su mentalidad.

Esto es parecido a la potencia de los imanes. Unos atraen con mucha más intensidad que otros, dependiendo de su campo magnético. A una persona con un campo cuántico poco desarrollado le costará más obtener resultados con el Pensamiento Sincrónico, por eso, para incrementar tu capacidad de influir sobre la realidad material que te rodea y modificarla, antes tendrás que aprender a modificar tu estado cuántico personal, que incluye todo lo físico y lo psicológico, semejante a una reconfiguración global de toda tu persona: valores, ideas, opiniones, suposiciones, motivaciones, emociones, conocimientos, identidad, carácter, incluso la dieta con la cual te alimentas habitualmente, y eso incluye si abusas del tabaco, el alcohol y demás sustancias nocivas; también si practicas algún ejercicio físico y alguna técnica meditativa o de relajación.

El estado cuántico de una persona no es algo teórico, sino muy palpable y real. Toda su apariencia, nivel de salud, energía, capacidad y fortaleza mental, entusiasmo, forma física, expresividad, empatía, resolución, autoestima, éxito o intuición para detectar las oportunidades que te presenta la vida son el reflejo de su configuración molecular, incluidos tanto el cuerpo como el cerebro.

Segunda parte

Sincronicidad

Conexión entre Mente y Materia

Introducción

La Física Cuántica ha demostrado que la Sincronicidad es un efecto real, que la conciencia puede orientar el destino de una persona por medio de signos en apariencia casuales. En medio del azar, el cerebro humano encuentra claves que nos guían hacia la realización de los proyectos que cada uno considera cruciales para su existencia. Pero antes hay que saber detectar y descodificar el simbolismo de las claves, convertir la casualidad en mensaje.

Pensar de modo sincrónico es hacerlo de la manera más creativa posible, porque así es como todos participamos con la conciencia en el resultado final de la partida que denominamos Juego de la Vida. La responsabilidad del bien común siempre ha sido y será individual y colectiva. El Pensamiento Sincrónico es la forma que tiene nuestro cerebro de conectarnos con todo cuanto sea útil para el progreso del individuo y la civilización. También los animales actúan de un modo sistémico, como las hormigas, las abejas, las aves de la misma especie que migran juntas a través de kilómetros, las agrupaciones de peces, etcétera.

Lo que algunos consideran simple casualidad para otros puede ser un mensaje que nos llega de lo colectivo a lo personal; como dedujo Carl Jung, la conexión sincrónica entre Inconsciente Colectivo y subconsciente. Para comprender y obtener beneficios de dicha conexión sincrónica, antes debemos comprender su funcionamiento. La gente dice mucho que «nada ocurre por casualidad». Pero ocurre todo lo contrario: todo sucede por casualidad, lo que pasa es que no hemos aprendido a captar el mensaje que conlleva lo que parecen simples coincidencias o hechos fortuitos, en apariencia no relacionados.

La Ciencia ya lo ha comprobado. «Los fenómenos cuánticos son aleatorios, no se pueden predecir –manifiesta con rotundidad Serge Haroche, reconocido experto en Física Cuántica y premio Nobel en 2012 por sus descubrimientos–. A escala microscópica, la materia no obedece a las leyes deterministas de la física». Por tanto, y en contra de lo que dijo Albert Einstein, «Dios sí juega a los dados».

En este sentido, el Pensamiento Sincrónico supone desarrollar una actividad mental más holística, menos determinista, ya que gracias al azar, la materia no tiene por qué permanecer inalterable, podemos cambiar todo a nuestro alrededor mediante la conciencia. Y así es desde siempre, aunque hasta hoy la mayoría de la gente haya pasado por alto dicha posibilidad, tachándola de irracional y metafísica, como si la vida de cada uno ya estuviera predeterminada, escrita, y nada ni nadie la pudiera cambiar.

Pensar de manera sincrónica es orientar la conciencia para servirte del azar, en lugar de que sea éste el que determine tu vida. Cuanto más lo practicas, mayor es la posibilidad de que consigas materializar lo que deseas, porque así es como funciona la conexión cuántica entre la mente y la materia, entre lo físico y lo psicológico. Esto es lo que la Ciencia denomina «salto cuántico».

No puedes influir en el azar, como no puedes influir en el resultado de los dados cuando participas en el Juego de la Oca, uno de los oráculos más reveladores de la historia, junto con el Tarot, ya que contiene de modo simbólico la representación de los Arquetipos humanos. Nadie puede modificar el resultado de los dados al caer, y esto es lo que afirmaba Einstein al no aceptar como cierta la teoría cuántica. Pero gracias a la Sincronicidad, puedes elegir la mejor opción.

La Sincronicidad no elude el azar, sino que, al aprovechar el hecho de que no hay nada predeterminado de an temano, de que no existe ningún destino en particular, sino que cada uno lo forja mediante sus elecciones personales a lo largo de su vida, te brinda la opción de elegir mejor lo que más te conviene y más lejos te llevará, siempre que sea para beneficio propio y colectivo. Esto es así porque todas las elecciones materiales, todas las posibilidades en potencia, ya están latentes y a disposición de quien sincronice con ellas en el Inconsciente Colectivo, tal como dedujo Jung. La Sincronicidad es información codificada del Inconsciente Colectivo, que la conciencia puede traducir de modo práctico para elegir lo que más deseas y te conviene, la mejor opción entre las posibles.

¿Cómo puedes aprovecharte de la Sincronicidad? Lo primero y principal: acostumbrándote a pesar de manera sincrónica. Todo aquello que hasta hoy has dejado pasar como *casualidad* podrían haber sido destellos en clave, información codificada que ante tus deseos y necesidades, como sucede cuando rezamos, lanzas al Inconsciente Colectivo. Has estado pidiendo una respuesta para tu situación personal que luego, al no comprender su simbolismo, has dejado pasar.

Sé consciente de la paradoja: mientras desaprovechas los mensajes que te envía la vida para que avances forjando tu propio destino, has estado dejándolos pasar sin prestarles atención y, además, piensas que *nada ocurre por casualidad*. Para sincronizar debes invertir el paradigma: todo ocurre por casualidad, tal como demuestra la Física Cuántica, pero tu conciencia convierte las casualidades en aquello que justamente deseas, para bien propio y del prójimo.

Al principio cuesta diferenciar entre simples casualidades y *casualidades significativas*, como definió Jung la Sincronicidad. No conviene obsesionarse, intentar, una y otra vez, encontrarle a todo un significado. Hay que permanecer con los sentidos abiertos, practicar un estado de receptividad relajada. Porque la tensión mental genera turbulencias que distorsionan el mensaje.

La sincronización se produce cuando menos te lo esperas, precisamente cuando tu mente consciente no está pensando en ello. Al comienzo se trata de un estado de conciencia difícil de alcanzar, activo y pasivo a la vez. De hecho, pensar de modo sincrónico es eso, generar un estado apropiado a la receptividad de la mente subconsciente, como una singular meditación activa.

El mensaje que se recibe del Inconsciente Colectivo nunca es claro, naturalmente, sino simbólico, y por eso parece una simple casualidad. Pero así, de modo simbólico, es como contestan los oráculos, como el más antiguo y famoso de la Historia, el oráculo de Delfos. El Inconsciente Colectivo ofrece a cada persona la respuesta que busca otorgando múltiples posibilidades, para que seas tú, ejerciendo con libertad, quien elija lo que desea. Y en ese momento ya estás comenzando a materializar lo elegido.

La Física Cuántica ya no tiene dudas de que nuestra mente influye en la realidad material en la que vivimos vinculados por medio de lo que pensamos. Esto ya lo anunció Jung a mediados del siglo XX al definir su teoría sobre la Imaginación Activa, que luego derivaría en la Sincronicidad y su modo práctico de aplicación: el Pensamiento Sincrónico.

La conciencia humana, tal como respaldan los grandes cultos espirituales y corrientes filosóficas de la Humanidad, es creadora e influye en la materia, en primer lugar afectando al propio cuerpo, y luego a todo lo que proyectamos al pensar, sobre todo al imaginar. No es lo mismo pensar que imaginar. Pensar es pasivo, la mente se centra en conceptos, intelectualiza, observa el propio pensamiento desde varios ángulos. Imaginar es activo, un hecho físico del cerebro, crea imágenes que movilizan la conciencia para que decida y actúe.

La Imaginación Activa es la manera más creativa y elevada de pensamiento, coherente y en sintonía con el Universo en expansión. Dado que la partícula molecular es un reflejo del todo (fractal), que incide mentalmente en su giro, en su campo cuántico, la materia se transforma. Y a ello se lo denomina colapso cuántico de la función de onda. Dicho de otro modo, lo que sólo es pensamiento se transforma en realidad. Esa forma elevada y creativa de pensar en modo *activo* fue calificada como Pensamiento Sincrónico, ya que intenta vincular el subconsciente particular con el Inconsciente Colectivo, de modo que una persona puede influir en la realidad que lo rodea.

Para materializar lo que imaginas tienes que vincularte *sincrónicamente* con el Universo en permanente desarrollo, de modo que todo ese potencial influya de manera positiva en tu propio campo cuántico. Esto es lo que logra de modo extraordinario el Pensamiento Sincrónico, que se basa en potenciar lo que deseas mediante un proceso focalizado y activo de tu imaginación.

Todo esto puede parecerte demasiado maravilloso para que sea cierto; sin embargo, ha sido corroborado tanto por la Física Cuántica como por la Neurología. El pensamiento modifica la materia, algo indudable desde cualquier óptica, y algunas personas ya están descubriendo la forma de transformar su realidad con este nuevo poder, denominado Neurocuántica.

El neurocientífico madrileño Rafael Yuste, investigador en la Universidad de Columbia (Nueva York), declaró en una entrevista publicada en los medios de comunicación que «todos nuestros pensamientos, nuestros recuerdos y nuestra personalidad, todo está basado en grupos de neuronas. Cuando las neuronas se disparan, ocurre un comportamiento». Este comentario aporta una nueva luz al conductismo psicológico, ya que por fin resuelve si el ser humano es libre para promover su propio destino, como así lo cree la mecánica cuántica, cuya principal afirmación es que todo cuanto consideramos material no es más que una creación de la mente humana.

«En el cerebro –señala Yuste–, sucede algo muy raro: cuando las neuronas se conectan unas con otras, lo hacen de manera aleatoria. Tras el disparo de una neurona, la sinapsis (la conexión con otras neuronas) no siempre se activa; entonces hay un momento estocástico (no determinista) en que las conexiones neuronales disparan o no disparan». Tal y como sostiene la Física Cuántica y corrobora el propio neurocientífico, esto sucede así pues «en la mecánica cuántica no todos los fenómenos son deterministas».

El punto de inflexión para influir en la realidad mediante la conciencia radica en dicho factor estocástico, lo que la física nuclear denomina, por su parte, *momento cuántico*. Al influir con el pensamiento dirigido al momento cuántico, modificas la realidad en la que vives al cambiar el corazón de las partículas, reconstruyéndolas de un modo más favorable a lo que deseas.

Pensamiento sincrónico

El término *Pensamiento Sincrónico* es mencionado por la psiquiatra Barbara Hanna, una de las mejores alumnas y, posteriormente, biógrafa oficial de Carl Jung. La psiquiatra desvela entre sus documentos que Jung trabajaba en una forma de *pensamiento sincrónico* fuera de los límites del tiempo y del espacio. Marie Louise von Franz, la última de las alumnas de Jung, creía que la Sincronicidad, descubierta por Jung, era la manifestación de un principio mucho más amplio de ordenamiento no casual que ahora los científicos han encontrado, tal como vaticinó a mediados del siglo pasado el premio Nobel de física Wolfgang Pauli, y que según Von Franz, podía producir «actos de creación en el tiempo».

Aquí no se habla de *pensamiento positivo* ni de ningún tipo de moda similar. El Pensamiento Sincrónico no es ni un método ni una nueva técnica, es una manifestación natural de la conciencia humana que puede influir en la realidad, en la materia que te rodea, y cambiarlo todo a tu alrededor. Quienes lo descubrieron y experimentaron con su poder han pasado a la Historia de la Ciencia y la Psicología como reconocidos profesionales cada uno en su campo del conocimiento.

Los orígenes de la Sincronicidad

El psicoanalista Carl Gustav Jung nació en Keswill (Suiza) en 1875. Por su lado, el físico Wolfgang Pauli nació en el año 1900, en Viena. Coincidieron en 1928, cuando Pauli ocupaba la cátedra de Física Teórica en Zúrich. Sumido en una depresión por motivos familiares, Pauli buscó ayuda en la clínica de Jung. El físico mejoró de su dolencia y ambos terminaron haciéndose amigos y colegas de investigación. Durante años trabajaron en la revolucionaria idea de unir la Física y la Psicología, creando una nueva psico-técnica para el desarrollo del ser humano.

A la conexión entre la mente y la materia la denominaron *synchronicity*, que se traduce en español como «Sincronicidad». La palabra *Sincronicidad* proviene de los términos griegos *Syn*, que significa «con» o «a la vez», y del dios griego Khronos, en latín *chronus*, «tiempo». Por eso, la sincronía se refiere a la coincidencia en el tiempo y en el espacio de fenómenos sin vinculación o motivo aparente.

Como fruto de la colaboración entre Jung y Pauli, en 1952 publicaron conjuntamente un ensayo bajo el título de *The Interpretation and Nature of the Psyche*, donde por primera vez se difundía el concepto de Sincronicidad, un efecto natural de la propia persona que Jung definiría como «la coincidencia de dos o más sucesos no relacionados casualmente» o «paralelismos acasuales».

El siguiente paso, cómo aplicar la Sincronicidad de manera práctica para transformar la realidad que nos rodea con un acto de voluntad consciente, quedó interrumpido por la muerte de Pauli en 1958. Fallecía en la cúspide de su carrera, tras haberle concedido el premio Nobel de física en 1945 y después de ser considerado uno de los investigadores cuánticos más reconocidos de la historia junto a su maestro Werner Heinsenberg, original creador de la noción *Física cuántica* en 1925.

Carl Jung, triste por la muerte de su colega, declaró: «Es una desgracia que Pauli haya muerto tan joven, dado que era un físico que gozaba, mucho más que un psicólogo como yo, de la confianza de sus contemporáneos. No obstante, hay una posibilidad de que en el futuro se desarrolle una mejor comprensión de la psicología del subconsciente, que se convierta en un campo fértil para los problemas que plantean la física nuclear y la psicología del Inconsciente».

Cansado debido a su avanzada edad, Jung se retiró a su casa de campo junto a un apacible lago en los bosques de la Suiza fronteriza con Italia, donde gracias al secreto desarrollado con su amigo Pauli quiso programar su propio paso hacia el más allá, como desde hace miles de años hacían los grandes maestros de la metafísica china, india y japonesa para pasar de seres humanos a *bodhisattvas* inmortales, de acuerdo con las doctrinas budistas que tan a fondo estudió Jung a lo largo de su fructífera carrera. Lo cierto es que falleció en el verano de 1961, tres años después que Pauli, justo en el instante en que caía un rayo sobre un formidable árbol centenario que había cerca de la casa en la que se pasaba horas meditando y tallando mandalas en piedra o madera, lo cual es considerado por algunos como un hecho *sincrónico*, el último de su vida.

Recordemos que Carl Jung, refiriéndose a la mente y su supuesto poder para cambiar la realidad, procuró siempre no hablar de facultades, sino de hechos. En este sentido, Jung opinaba que una conjunción de fenómenos sincrónicos dotados de un significado para quien los vivenciase podía ser de suma importancia para estudiar los niveles más profundos de lo inconsciente. Durante los tres años que mediaron desde la muerte de Pauli a su propio tránsito, Jung puso en orden los apuntes y documentos de la Sincronicidad y se los entregó a la que consideraba su discípula más cualificada, la psiquiatra alemana Marie-Louise von Franz, miembro del Círculo Eranos, que Jung había inspirado en Ascona (junto al lago Mayor), para que custodiara y difundiera su legado.

La doctora Von Franz apenas dio a conocer públicamente algunos matices y de manera bastante obtusa sobre que lo Jung y Pauli se hallaban investigando: lo que de forma críptica denominaría «actos de creación». Pero fue Barbara Hanna, psicóloga y más tarde biógrafa de Jung, quien propuso el término Pensamiento Sincrónico, quizá el más apropiado para explicar cómo la conciencia bien dirigida puede modificar la arquitectura interior (cuántica) de la realidad.

El Efecto Mariposa

El conocido paradigma científico denominado *Efecto Mariposa* demuestra que la situación meteorológica puede cambiar de manera drástica a causa de un hecho tan sutil como el aleteo de una mariposa, de modo que una débil incidencia ocurrida en una parte del mundo puede afectar al clima en la parte opuesta. Dicho de otra manera: la incidencia de un pequeño insecto, en el momento preciso y en el lugar adecuado, puede repercutir sobre un sistema mucho mayor, como es la biosfera completa. Lo que ocurre con el clima sirve muy bien para explicar la forma en que los humanos representamos mentalmente lo que llamamos realidad, mucho menos material de lo que pensamos.

Para Jung, al pensar y actuar de manera sincrónica, podemos detectar a tiempo las señales que nos envía el Inconsciente Colectivo y corregir la realidad para obtener un resultado más positivo. El Pensamiento Sincrónico sintoniza nuestra mente subconsciente y particular con la mente universal del Inconsciente Colectivo, como un pequeño sistema incide en otro mucho mayor.

El Pensamiento Sincrónico es un poder latente, inutilizado desde hace mucho tiempo. Cualquiera puede comenzar a emplear su capacidad para conducir su existencia por el camino más adecuado a la meta particular. Pero para detectar las casualidades significativas necesitarás conocer y saber cómo funciona tu Generador de Aleatoriedad, un efecto neurológico y virtual que nos reconecta de manera continua con aquello que nos conviene, como lo haría un GPS interior.

El Pensamiento Sincrónico logra vencer el determinismo que impone la genética humana y las grandes leyes de la física, de manera que cada cual puede crear su propia suerte, incluso su propio futuro. Según el matemático y físico estadounidense Frank Tipler, cualquier ser vivo tiene la misma facultad para poder adaptarse al caos inmarcesible que impera en el Universo. Esto se debe a que la mejor manera de conectar con lo aleatorio no es la lógica, que tanto influye en la sociedad civilizada actual, sino el azar. Cuando la situación se vuelve irracional y compleja no podemos obtener una solución razonable ni lógica, si no es recurriendo a la misma irracionalidad que la ocasiona.

Nuestro particular GPS interior nos conecta de manera subconsciente con el Inconsciente Colectivo, la gran Fuente Universal que según Jung acumula toda la sabiduría desde los comienzos de la Humanidad. Para Tipler, el Generador de Aleatoriedad no es un programa de instrucciones codificadas (como lo pueda ser el genoma humano), sino una facultad neurológica que «actúa sobre las mutaciones del azar» para saltar por encima de las circunstancias y aprovecharlas.

El poder y la capacidad de superación para lograr cualquier meta propuesta, por grande que sea, ya radica de manera natural en cada uno de nosotros, pero lo tenemos infrautilizado, incluso desactivado por completo. Las razones para ello son tan profundas y a menudo están tan enraizadas en el subconsciente, que necesitamos una desactivación previa de hábitos, costumbres e ideas preconcebidas, malsanas y distorsionantes, para restaurar el funcionamiento de nuestro GPS interior y elevarlo a su máximo rendimiento.

¿Cómo cambiar el chip, el nefasto programa mental que cada uno ha desarrollado sin darse cuenta, según la presión de las circunstancias y la influencia de las demás personas? Para ello es fundamental acabar con las pautas nocivas, fuertemente arraigadas, para sustituirlas por nuevas capacidades. El Pensamiento Sincrónico puede servir como facultad para reprogramar la mente y que actúe de manera mucho más generativa. Su aplicación despierta toda una batería de recursos internos, activados por la propia persona, para enfrentarse a los desafíos que nos demanda la vida, eludiendo los problemas y aumentando poco a poco tu capacidad resolutiva en cualquier circunstancia.

Un GPS no funciona como una brújula. Ésta nos orienta, pero señala siempre hacia la misma dirección y en línea recta, lo cual puede hacer que tropecemos con los obstáculos que siempre salen al paso en cualquier ruta. En cambio, el GPS, al tratarse de un sistema de orientación vía satélite, puede programarse para que nos oriente hacia el objetivo sorteando los obstáculos que hallamos en el camino.

Lo que llamamos éxito es el resultado de una elección adecuada en la pluralidad de posibilidades que representa el Universo. No hay límites para conseguirlo todo, los únicos límites anidan en la conciencia. Ésta selecciona lo mejor en cada momento y situación, elige automáticamente lo que al final nos puede llevar más lejos y con menor esfuerzo. El Generador de Aleatoriedad funciona como lo hace la respiración, de manera consciente o subconsciente, de forma indistinta. Y al igual que ocurre con la respiración (o con los latidos del corazón), convertir la experiencia en consciente supone incrementar su potencial.

Como sucede con la conducción, cuando eres inexperto practicas mucho hasta que manejar el automóvil se transforma en un automatismo subconsciente. Porque nadie conduce siendo consciente de cada movimiento físico. Cuando uno aprende a montar en bicicleta ya no piensa en mantener el equilibro, tan sólo avanza sin pensar en ello.

Gracias a los últimos hallazgos en física y neurociencia sabemos que la conciencia tiene la capacidad de sincronizarse con el Quantum y crear lo que todavía no existe, pero que podemos considerar como una posibilidad en potencia. Si está bien ajustado, el Generador de Aleatoriedad tiende a sincronizar con los miles de millones de probabilidades posibles para vincularte con aquello que necesitas en cada momento. Pero a pesar de que la conexión sincrónica se produce de manera subconsciente, aprovecharla para mejorar tu vida constituye un acto de voluntad consciente. La elección es lo que materializa. Cada uno es el protagonista de su propia transformación mientras que, al mismo tiempo, contribuye a la transformación del prójimo. Toda gran idea parte siempre de un solo ser humano, aunque luego ayuden a desarrollarla muchos otros. Por eso, un solo pensamiento sincrónico puede cambiarlo todo.

Cómo nos influye lo cuántico

La palabra *cuántico* deriva de Quantum, término ideado por Max Plank, el físico que a principios de la década de 1920 descubrió que la luz son paquetes de energía denominados Quantums. Existen unidades mínimas para todas las energías. La luz llega en Quantums, en ondas completas y coherentes, por eso la vemos.

Hasta entonces los científicos se preguntaban si la luz era una onda o una partícula. En realidad, Plank descubrió que tiene una naturaleza dual, onda y partícula. El componente de la partícula es lo que se denomina Quantum. Los Quantums existen aunque solo veamos los estados parciales del Quantum, que son el positivo y el negativo, y siempre funcionan como una sola unidad, un Quantum, que es la estructura mínima del Universo.

La realidad es la parte en la que se detiene la conciencia del observador. El acto de observación, es decir, la toma de conciencia, modifica el momento angular de la partícula. A nivel cuántico todo es onda, como si las partículas atómicas vibrasen ejecutando en el vacío más absoluto posible una danza propia. Dichas partículas se dividen en dos grupos, según el tipo de danza que ejecutan. Electrones, Protones, Neutrones y Neutrinos se mueven ejecutando una danza asimétrica. Mesones y Fotones se mueven realizando una danza simétrica.

Las partículas del primer grupo se mantienen alejadas las unas de las otras, lo que Pauli denominó Principio de Exclusión, ampliando el Principio de Incertidumbre de Heisenberg. Según dicho Principio, una partícula de tan mínimo tamaño no existe propiamente, sino que constituye una tendencia o probabilidad de existir. Pauli descubrió que las partículas subatómicas giran sobre sí mismas y alrededor de sí mismas, pero no de acuerdo con ninguna ley universal o fuerza que las obligue, y tampoco de ninguna consecuencia, sino que actúan como si su tendencia o comportamiento natural fuera moverse alejadas entre sí.

La explicación propuesta por Pauli es que hay un «patrón abstracto» oculto dentro de la materia atómica que determina ese comportamiento. Curiosamente, Carl Jung había llegado a la misma conclusión al indagar en las zonas más profundas de la mente humana. Jung descubrió que la mente y la materia están vinculadas por un «principio conector acasual». Así es como ambos desvelarían una colosal fuerza creadora de la psique y la naturaleza que bautizaron como Sincronicidad.

En opinión del conocido físico David Peat, «la conciencia puede actuar en el Inconsciente Colectivo y cambiarlo». Al contrario también ocurre: el Inconsciente Colectivo influye en la conciencia humana y la modifica. De hecho, «es posible que ciertos aspectos del Inconsciente Colectivo sean creados por la sociedad en que vivimos». Esto significa que el cerebro humano puede modificar la realidad que le rodea, pero también que ésta puede modificar el cerebro, para bien y para mal, condicionando la existencia y el comportamiento cotidiano del ser humano.

El físico Eugene Wigner confirmaría todo este planteamiento al descubrir que la conciencia del observador humano actúa en el nivel cuántico provocando lo que Wigner denominó «colapso de la función de onda o colapso cuántico». En otras palabras: el colapso cuántico podría ocurrir en el momento crucial entre lo que todavía es probable, y, de repente, cuando la conciencia lo percibe, se transforma en algo definido y material. Sin embargo, este acto de percepción no se produce por lo general de manera consciente y voluntaria, sino casual. De modo que cabe plantearnos la siguiente cuestión: si transformamos la realidad de un modo involuntario, ¿cómo podríamos hacerlo de manera voluntaria, provocando un colapso cuántico en todo aquello que deseamos materializar? La respuesta radica en el Pensamiento Sincrónico.

Los expertos en física cuántica opinan que todo es posible simultáneamente, aunque no siempre todo lo posible llegue a ser tangible. Para el principio de incertidumbre de Heisenberg, aquello que penetra en la conciencia existe y se materializa. Pero si la conciencia no lo registra, no existe, permanece tan sólo como una probabilidad o en estado cuántico. Es decir, ningún fenómeno elemental es un fenómeno hasta que sea un fenómeno observado. Esto es lo que la física denomina *colapso de la función de onda*. Nada es real hasta que la conciencia entra en acción, colapsando una de las múltiples posibilidades.

¿Podemos pensar de manera que nuestra conciencia convierta en materia lo que tan sólo es una probabilidad? ¿Qué hace falta para controlar el resultado? Para David Peat, el Pensamiento Sincrónico se activa durante los períodos de crisis y transformación personal, cuando la estructuración interna produce una resonancia externa. «Es como si la formación de patrones dentro del inconsciente fuese acompañada de patrones físicos en el mundo exterior. Cuando los patrones psíquicos están a punto de alcanzar la conciencia, las sincronicidades alcanzan su apogeo».

Sin embargo, tal como advirtió Jung, la Sincronicidad ha de tener un significado para la persona que la experimenta, y eso es lo que la diferencia de la simple casualidad, por eso la subtituló Teoría de las Casualidades Significativas. Todo aquello que no tiene significado para la conciencia no logra materializarse porque no le prestamos atención. Según Marie-Louise von Franz, «el significado no existe mientras no lo veamos, y si nadie la descubre, la causalidad no existe. Ambos son algo que depende de la mente que observa». David Peat resalta que «la materia no representa una realidad fundamental, sino la manifestación de algo que está más allá del terreno material. No existe ninguna distinción entre lo mental y lo material».

Para Jung, el Pensamiento Sincrónico era «un acto de creación, fuera de los límites del tiempo y del espacio», lo cual significa que hablamos de un estado cuántico. Porque allí donde la mente se detiene a pensar de manera sincrónica transforma la realidad. Así lo afirma Wigner:

«La mente actúa en el nivel cuántico para derrumbar la función de onda del sistema y convertirlo en un estado bien definido». Esto ha sido probado en los laboratorios: las partículas que componen los átomos responden a la mente del observador. Las ondas se convierten en partículas (en materia) sólo cuando alguien las observa.

Las casualidades significativas ocurren a menudo en momentos críticos para la persona que las experimenta y contienen las semillas del crecimiento futuro. El pensamiento crea la experiencia y el entorno es una prolongación de la mente. Si cambiamos nuestra mente, nuestro entorno también lo hará. Eric Kandel, uno de los más destacados investigadores de las redes nerviosas, opinaba que «el mismo acto de pensar cambia al pensador, al igual que existe un lazo irreductible entre el pensador y el pensamiento. De hecho, el pensador es el pensamiento; el pensamiento da origen al pensador que, alternativamente, crea de nuevo el pensamiento. Por tanto, en vez de ser el cerebro el que crea el pensamiento, es el pensamiento el que genera el cerebro».

¿Podríamos programar nuestro cerebro mediante la Conciencia para que la mente influya en la realidad que nos conviene materializar y elimine todo aquello que no deseamos? De ser así, ¿todos tenemos dicha capacidad? ¿Cualquier cerebro de cualquier persona puede obrar de la misma forma y con similar intensidad? Según opina Frank Tipler, todo ser humano utiliza la incertidumbre cuántica para generar aleatoriedad, rompiendo así el determinismo físico que llamamos realidad. La conclusión es que toda persona disfruta de libre albedrío, que cada uno vive la realidad que materializa su conciencia de acuerdo con las elecciones (conscientes o subconscientes).

La clave radica en elegir lo correcto y de manera voluntaria. «Nuestras elecciones crean nuestro destino». La elección influye en la función de onda, genera un colapso cuántico y en ese momento materializamos una de las realidades posibles. Puede ocurrir de manera consciente o subconsciente, puesto que las personas también elegimos con el pensamiento. No en vano, la mayor parte del tiempo estamos haciendo elecciones subconscientes; o sea, sin que lo hayamos decidido antes. Como dejó escrito el físico cuántico David Bohm, «el pensamiento crea el mundo y después nos dice: yo no he sido».

Por lo visto, no percibimos las elecciones que realizamos a lo largo del día porque nuestro índice o factor de procesamiento cuántico trabaja por debajo del nivel de la consciencia. Lo malo es que toda esa suma de pensamientos no conscientes puede acabar generando una realidad no deseada, debido al flujo desordenado y a veces incoherente, e incluso contradictorio.

Tal como sucede con un ordenador, para reprogramar el cerebro debemos desactivar antes los antiguos programas que terminan siempre activándose como automatismos de la conciencia. Estos programas mentales nos condenan a un determinismo limitador y también nos fuerzan a tomar siempre las mismas decisiones, creando un círculo vicioso acción-reacción del que no logramos escapar al no ser conscientes. Ante la presión de las circunstancias, en lugar de permitir que la conciencia tome el control generando una respuesta conveniente, un cerebro automatizado activa los programas mentales de siempre, llamados *caminos neuronales*.

Carl Jung afirmaba que la realidad material puede cambiarse creando una realidad paralela y voluntaria mediante la conciencia. Para ello desarrolló la Imaginación Activa, un proceso mental muy poco difundido. La Imaginación Activa puede suscitar imágenes tan verosímiles (probabilidades cuánticas en potencia) que la mente las tomaría como reales, materializándolas. La cibernética lo denomina *simulaciones virtuales*.

Veamos cómo funciona este proceso: la conciencia crea una imagen de la realidad exterior a través de los fotones que penetran por medio del ojo hacia nuestro cerebro. El fotón es una onda que la conciencia materializa como real. Para crear una realidad diferente debes configurar una imagen e introducirla en el cerebro para que la procese y provoque un colapso cuántico. Pero para generar un colapso cuántico no sirve lo que conocemos como *pensamiento positivo* y tampoco resulta suficiente con la imaginación común. Para materializar la realidad imaginada necesitamos entrar en un estado de conciencia con el cual nuestro cerebro influya en nuestro sistema nervioso.

Dicho nivel sólo se logra cuando genera ondas Theta. Lo imaginado en un estado cuántico muy particular y difícil de conseguir puede materializarse al excitar el Generador de Aleatoriedad radicado en el sistema nervioso. Existen diversos tipos de ondas cerebrales. Beta es el estado pensante, consciente. Funciona el neocórtex. Se produce una percepción total del entorno. Alfa disminuye la actividad del neocórtex y se reduce la electricidad cerebral. Se trata de un estado Consciente, pero que implica que se está menos atento al entorno. Theta se halla entre el sueño y la vigilia. Es muy relajado. Se desactiva el neocórtex. Se reducen los pensamientos. Y Delta es el sueño profundo, la Inconsciencia.

Para que nuestro cerebro funcione a nivel cuántico debe generar ondas Theta. Según el neurofisiólogo John Eccles, galardonado con el premio Nobel, las fluctuaciones cuánticas, es decir, la posibilidad de materializar la imagen creada por el cerebro por mandato de la conciencia radica en el sistema neuronal. El sistema nervioso puede producir un salto cuántico utilizando las fluctuaciones de vacío, los espacios que hay entre las partículas, según el Principio de Exclusión descubierto por Wolfgang Pauli. Dicho de un modo más comprensible: podemos recurrir a la potencia del Inconsciente Colectivo, tal como sugería Jung.

La Sincronicidad es la conexión virtual entre la mente subconsciente de una persona y el Inconsciente Colectivo. Pero como desde hace mucho tiempo el ser humano ha ido perdiendo la vinculación entre la mente consciente y la subconsciente, la Sincronicidad suele pasar desapercibida. La desconexión entre mente consciente y mente subconsciente impide que la persona utilice los mensajes proporcionados por el Inconsciente Colectivo, al que se puede considerar la Fuente Universal o Universo Cuántico. Para mejorar el nivel de atención hacia los mensajes que llegan desde dicho Universo Cuántico, el ser humano inventó los oráculos, como el juego de la oca o el Tarot.

Cuando recurres a un oráculo estás restaurando el vínculo escindido. Por medio del simbolismo arcano propio del oráculo, tu subconsciente descodifica el mensaje que le manda el Inconsciente Colectivo para que puedas resolver lo que deseas o avanzar en el camino hacia tu destino en particular. Toda persona puede sincronizar con el Inconsciente Colectivo de manera espontánea y sin percibirlo. Esto suele ocurrir también cuando alguien está soportando una situación problemática, pues entonces la mente subconsciente pide ayuda al Inconsciente Colectivo, que envía la solución más adecuada por medio de sucesos y acontecimientos denominados casualidades significativas.

Pero no todo lo que sucede a tu alrededor tiene un significado, pues en realidad el significado lo concede la mente de la persona cuando busca una respuesta en concreto. Dicho de otro modo: es muy difícil que recibas la respuesta si no has formulado ninguna pregunta. El significado de la casualidad radica en la pregunta premeditada de antemano, como sucede al consultar un oráculo. Cuando algo te inquieta con cierta intensidad, en esos períodos de la vida que constituyen avance o retroceso, pérdida o ganancia, el inconsciente colectivo envía respuestas hacia tu mente subconsciente, donde permanece la mayoría de ellas, ya que muchas personas viven desconectadas de su mente subconsciente por falta de práctica.

Los métodos de meditación, basados en el control físico y mental, han sido creados para restablecer la conexión natural y deseable entre ambas mentes. La práctica diaria logra que la persona pueda detectar y traducir al instante los mensajes enviados por el Inconsciente Colectivo, lo que implica la comprensión del significado de lo que ocurre y no tiene una explicación aparente.

Neurocuántica

¿Puedes convertir lo que deseas en realidad? Seguramente muchos pensarán que no. Pero entonces, ¿por qué algunas personas logran el sueño de su vida? ¿Por qué tantos seres humanos parecen condenados a una existencia de segunda o tercera división? ¿Cuál es la diferencia entre unos y otros? ¿El destino, la suerte, la genética? La respuesta reside en la capacidad de cambio y regeneración que radica en el cerebro.

La neurocuántica confirma que todos pueden cambiar, convertir lo imaginado en realidad, al reconfigurar los programas neurológicos con los cuales interpretas la realidad. Toda persona puede pensar de manera mucho más generativa, liberándose de los antiguos programas mentales que no han dado resultado en la conquista de sus objetivos.

Entonces, ¿por qué a miles de personas les cuesta tanto cambiar? ¿Qué les impide desactivar sus patrones de pensamiento equivocados y adoptar los que funcionan? La causa principal radica en que nadie puede adoptar un modo nuevo de pensar si no reprograma todo su sistema operativo en general. Dicho sistema es la inmensa red neuronal que conecta el cerebro con el sistema nervioso y da origen a la conciencia.

¿Podemos cambiar la manera en que funciona el cerebro para obtener un resultado mayor de su enorme potencial? La respuesta es que no sólo podemos cambiar la manera en que funciona nuestro cerebro, sino también el cerebro mismo, incrementando de un modo fabuloso su capacidad de logro y resolución. El concepto *Imaginación Activa* fue creado por Jung para explicar cómo cierta manera de proyectar la realidad deseada potenciándola con facultades neurológicas vinculadas a la esencia de las partículas atómicas puede modificar el entorno físico de la persona, materializando aquello que hasta el momento sólo era una probabilidad. Parece un argumento de ciencia ficción, y, sin embargo, acaba de ser demostrado en el laboratorio.

El prestigioso profesor de neurociencia computacional del Instituto Tecnológico de Massachusetts, adscrito a la Universidad de California, Sebastian Seung, afirma que la configuración neuronal determina la identidad y la manera de pensar. El hallazgo del genoma supuso un paso de gigante para ello. Pero la genética no ha podido explicar por qué algunos individuos logran brillantes resultados en su vida mientras que otros, con las mismas cualidades, fracasan.

Para Sebastian Seung, la singularidad del ser humano radica en el mapa neuronal, en la compleja red de conexiones o sinapsis que palpita dentro de nuestro cerebro. Lo más curioso es que dicho mapa neuronal puede cambiarse. Si modificar la realidad es variar la forma en que pensamos, podemos cambiar actitudes, creencias y percepciones; podemos crear el futuro que ahora mismo está en nuestra mente. La realidad se encaminará en dirección a nuestros pensamientos. El pensamiento crea la experiencia y el entorno es una prolongación de la mente. Si cambiamos nuestra mente, nuestro entorno también lo hará.

Podemos cambiar la mente si ampliamos y rediseñamos el mapa neuronal del cerebro. Aunque para ello deberás desactivar los antiguos programas neuronales para que no interfieran con los nuevos. Los programas mentales erróneos o defectuosos están alojados en la mente subconsciente, a la que no tienes acceso de forma consciente. Por eso no sirve con que te digas a ti mismo que deseas cambiar. Y tampoco que comiences a pensar con mucha fuerza en lo que deseas. Toda esa energía mental no puede traspasar la puerta del subconsciente.

Por lo general, sólo puedes entrar en tu mente subconsciente cuando sueñas, pero entonces no sirve de nada, ya que tu mente consciente ha sido desconectada para que descanse. Penetrar en la mente subconsciente y generar los cambios deseados, desactivando los programas erróneos y activando los nuevos, no es algo sencillo y requiere práctica. Con la suficiente fuerza de voluntad, todo ser humano puede vencer la predestinación que le impone la genética y el azar para alcanzar sus objetivos.

Transformación y Arquetipos

El futuro no puede adivinarse, porque al contemplarlo cambia. Recuerda que según la Física Cuántica, ningún suceso elemental es un suceso hasta que sea observado por alguien en concreto. Nada es real hasta que la conciencia entra en acción, materializando una de todas las múltiples posibilidades en juego.

La doctora Marie-Louise Von Franz reveló durante un ciclo de conferencias denominado «Adivinación y Sincronicidad» que al usar el Tarot se crea una imagen del momento concreto en el tiempo, que incluye al interrogador, la pregunta y todo lo que le rodea. Del mismo modo que con la Física Cuántica, el observador está vinculado de manera forzosa a la adivinación. Por eso, la lectura del Tarot no predice un futuro determinado, sino que nos ofrece la oportunidad de participar en la creación de uno nuevo.

Para Carl Jung, el Tarot era «una representación pictórica de los Arquetipos». El arquetipo es el rol con el que cada persona interactúa en el Juego de la Vida. Si se cambia de rol, también lo hace el guion, las circunstancias y todo lo que concierne a la situación que te rodea. Cambiar de Arquetipo no cuesta, lo que cuesta es permanecer anclado en un Arquetipo que condiciona cada decisión que tomas, incluida aquella de no cambiar de Arquetipo.

Puedes cambiar de Arquetipo si con el que ahora intervienes en el Juego de la Vida no te reporta más que problemas o inconvenientes. Deberías cambiar hacia un arquetipo más adecuado y generador de posibilidades. Para ello necesitas conocer antes en cuál te hallas en este momento. Carl Jung desarrolló un oráculo mandálico utilizando los 22 Arcanos Mayores de la baraja, ya que las figuras del Tarot son la representación simbólica de los 12 Arquetipos Primordiales que condicionan el comportamiento subconsciente y la manera en que reacciona una persona ante cualquier situación de pérdida o ganancia, retroceso y avance, o riesgo y oportunidad.

Durante la consulta del Tarot emergen a la superficie consciente los Arquetipos del subconsciente, tanto propios como de las personas que influyen a tu alrededor. Al contemplarlos y comprender el poder con el cual ejercen su predestinación, puedes cambiarlos y adoptar el que más te convenga para lograr tu objetivo. Jung modernizó y rediseñó el significado que se halla resumido en las cartas del Tarot, liberándolo de todo el ocultismo esotérico y misterioso que ha venido acumulando como una capa de superstición desde que fuera diseñado bajo la dirección del gran genio florentino Leonardo da Vinci en el Renacimiento. Para consultarlo y que funcione no necesitas tener fe, ni siquiera considerarlo algo mágico y sobrenatural. Atiendes a lo que te revela y luego sacas tu propia conclusión. La decisión te corresponde, tu destino radica en la elección.

El Tarot y la Sincronicidad constituyen una vinculación inédita que hasta hoy había permanecido como un secreto para unos pocos iniciados. El Tarot no vaticina el futuro, sino que puede contribuir a crear de la manera deseada el futuro de las personas. El Tarot presenta la respuesta que te otorga el inconsciente colectivo, no adivina el futuro, sino que revela el significado de todo lo que sucede, para que puedas variar el rumbo y forjar tu propio destino.

La física cuántica revela una profunda conexión a nivel atómico entre la mente y la materia. La conclusión de semejante descubrimiento es crucial, pues implica que la persona puede contribuir al futuro al influir con su mente en la realidad en la que vive. A efectos prácticos, ambos hallazgos ponen de manifiesto que los oráculos funcionan como un antiguo pero eficaz sistema para crear circunstancias deseadas aprovechando el azar, tal como funciona nuestro Generador de Aleatoriedad. Así lo proclamó Jung al decir que cada proceso de la vida y de la mente humana está parcial o totalmente interferido por el azar.

Como todo esto puede parecer un tanto complejo, pondré un ejemplo: el Tarot funciona de manera similar a como lo hacen hoy en día los actuales programas aleatorios de simulación informática creados en el ámbito empresarial, científico y militar, diseñados mediante un sofisticado algoritmo informático que reproduce un estado de caos artificial para sondear las posibilidades o alternativas ante una determinada situación.

El sistema de seguridad que aplican los aeropuertos de Estados Unidos tras el atentado terrorista contra las Torres Gemelas de Nueva York se basa en un algoritmo que recurre a funciones aleatorias para sondear la identidad de los viajeros y descubrir a presuntos terroristas. El método basado en el azar ha obtenido mejores resultados que otros centrados en la lógica, la razón, los datos o la información, porque la vida no funciona de acuerdo con la vinculación causa-efecto (causalidad), sino, en la mayoría de los casos, de manera fortuita.

Todo esto está cambiando gracias a los últimos avances de la Física Cuántica. Los axiomas de la causalidad se derrumban ante los descubrimientos de que las leyes naturales de Isaac Newton, e incluso la relatividad de Albert Einstein, son meras verdades estadísticas, ya que todo el Universo es cuántico y casual, regido por la ley absoluta de la Sincronicidad. Si, como afirma la Física Cuántica, ningún suceso puede considerarse real hasta que no sea observado por la conciencia, el Tarot permite observar lo que no existe todavía (el Futuro) para poder anticiparse y modificarlo, si lo deseas.

En palabras de Jung: «El oráculo parece que funciona como una imagen simbólica formada por eventos azarosos en el momento mismo de la observación. El evento añade al observador en la realidad subyacente y a las condiciones psíquicas en la totalidad de la situación».

Pero ¿qué es el Tarot, y por qué nos impresiona tanto su simbolismo? Porque los 22 Arcanos Mayores, las figuras principales de la baraja, condensan los 12 principales Arquetipos humanos (tendencias de comportamiento), según averiguó Jung. El ser humano siempre ha sido muy sensible al símbolo. El subconsciente sólo se activa mediante símbolos, y así es como el cerebro percibe la información que procesa. El Tarot está constituido por la misma iconología con la que funciona el subconsciente, muy similar a los lenguajes de programación informática. Si se va más allá de las causas y los efectos, impuestos por la lógica y la razón, la respuesta del Tarot proporciona una mayor clarividencia frente a la complejidad de la vida, las personas y sus circunstancias, todo ese cúmulo contradictorio y opuesto que calificamos como realidad.

El Tarot ofrece una fotografía simbólica y arquetípica de la situación consultada, con las circunstancias ocultas y las personas que influyen en lo que te interesa. Sin embargo, algunas interpretaciones del Tarot, perpetuadas durante mucho tiempo, falsean o adulteran su verdadera esencia, envolviéndola en un halo de misterio y esoterismo que impresiona mucho a los crédulos. El Tarot es un sistema de anticipación sistémica y humana que ha perdurado durante siglos como el único método para revelar lo que las personas, implicadas en la propia situación, son incapaces de observar, una herramienta eficaz para el cambio, la transformación personal y la conquista de tus objetivos.

Tal como dijo el Lao Tse hace miles de años, el hombre sabio observa el espacio y no ve lo pequeño como demasiado pequeño, ni lo grande como demasiado grande, pues sabe que no existe un límite en las dimensiones, lo que constituye una magnífica definición de lo cuántico. Cada vez que la moneda está en el aire, la conciencia selecciona lo mejor en cada momento y situación, elige automáticamente lo que al final nos puede llevar más lejos y con menos esfuerzo. No hay más suerte que la capacidad natural de utilizar el azar en lugar de rechazarlo y obtener la respuesta que deseamos.

Gracias a los últimas divulgaciones de la física nuclear, sabemos que la conciencia tiene la capacidad de sincronizarse con el Quantum (lo que Jung denominaba inconsciente colectivo y el budismo califica como *Dharma*), cuya finalidad es proporcionarnos una existencia mucho más creativa. Si está bien ajustado, el Generador de Aleatoriedad tiende a sincronizar con los miles de millones de posibilidades en potencia para vincularte a aquello que necesitas en cada momento. Parece un poder mágico, y lo es, porque como escribió el célebre matemático húngaro John von Neumann, «las leyes de la física cuántica que desplazan la casualidad podrían considerarse magia».

El afamado filósofo Arthur Schopenhäuer definió la sincronicidad como la aparición simultánea de acontecimientos causalmente desconectados. Tales acontecimientos discurren por líneas paralelas que coinciden y conectan sólo gracias al generador de aleatoriedad, de forma que tu objetivo particular se vincula y refuerza el objetivo general, y viceversa.

La Sincronicidad en la práctica

Cómo sintonizar con todo lo que deseas

La Teoría de las Casualidades Significativas resulta crucial para comprender cómo funcionan las reglas del juego que llamamos realidad. Carl Jung y Wolfgang Pauli opinaban que si lográsemos establecer contacto voluntario con el Inconsciente Colectivo, conseguiríamos materializar nuevas realidades alternativas. Estaban seguros de que la capacidad de manejar las reglas ocultas que gobiernan el Juego de la Vida tienen su raíz allá donde confluyen la casualidad y la causalidad. Dos palabras muy parecidas, pero de contenidos bastante opuestos, y que resumen la eterna discusión teológica entre Libre Albedrío y Determinismo. ¿Somos libres o estamos condicionados? ¿Podemos cambiar? ¿Tenemos control sobre nuestro destino o, por el contrario, el futuro está escrito?

Jung insinúa la posibilidad de que un simple pensamiento, si se proyecta con la intensidad y el tiempo suficientes, puede alterar nuestro devenir. Hay dos tipos de pensamiento según la Teoría de las Casualidades Significativas. El pensamiento convencional es lineal y se denomina *causal*. Es el que impera en Occidente. Afirma que todo efecto proviene de alguna causa, y sostiene que sin causa no puede haber efecto. Pero desde hace milenios, en Oriente ha imperado un tipo de pensamiento que Jung, cuando estudió el taoísmo, calificó como sincrónico, porque no actúa de modo lineal. Los efectos coinciden en el tiempo con las causas, están interconectados; es decir, se trata de una hipótesis más apropiada para explicar cómo se desarrolla la realidad, justamente cuando pensar de una manera o de otra es lo que determina nuestro futuro.

Los maestros del taoísmo, así como los grandes lamas budistas, capaces de reencarnarse a voluntad, vienen practicando este tipo de actividad mental y sincrónica desde hace miles de años, entrenando su mente para unificar el pensamiento como una poderosa herramienta de logro. Así lo explica de forma metafórica la doctrina contenida en el filosófico libro titulado *Tao Te King*, la milenaria obra que contiene un conjunto de aforismos de sabiduría vital y confucionista. Pero como casi nadie piensa como un lama en Occidente, Carl Jung desarrolló al final de su vida un modo de meditación o toma de conciencia voluntaria más acorde con el hombre práctico y científico de nuestro tiempo, que ha perdido la fe en la magia, lo sobrenatural, lo místico y lo divino.

Intentaré resumir en pocas líneas cómo funciona la Sincronicidad en la práctica. La mente nos ofrece las respuestas que buscamos de manera simbólica, con signos y señales. En realidad, dichas señales no existen, es la conciencia la que hace que el Yo se fije en determinadas cosas que suceden y excluya otras, para que por nosotros mismos encontremos la solución que buscamos. Como afirma la Física Cuántica, al observar (tomar conciencia) la realidad es cuando la materializamos. Sin embargo, eso que llamamos realidad no existe fuera de nuestra conciencia perceptiva. La realidad no es más que la forma de ver la realidad que tiene cada uno. Y eso determina cómo nos va en la vida.

La mente se sirve de lo obtuso para evidenciar lo obvio. Por eso hay que entrenar la conciencia para traducir el contenido obtuso de los símbolos que surgen a nuestro paso, con el fin de traducir en modo práctico las señales que nos guían subrepticiamente hacia donde deseamos. La Sincronicidad es la capacidad natural de permanecer consciente ante la mayor parte de cosas que ocurren de manera inconsciente. Es la conciencia la que determina lo que cada uno de nosotros considera real. Si se aumenta la conciencia, se aumentan y amplían las posibilidades de lo real, se enriquece la vida.

Existe la posibilidad de entrenarse, como por ejemplo con la meditación trascendental. Pero la lectura reflexiva es un sencillo y magnífico entrenamiento de la conciencia, uno de los mejores y más completos ejercicios de meditación que se puedan llevar a cabo. ¿Quién se acuerda del Yo cuando está sumido en la lectura de un texto que lo absorbe? Ninguna nueva tecnología puede sustituir al libro; al contrario, el mundo imperante de la imagen empobrece poco a poco nuestra conciencia y reduce nuestros niveles de percepción de la realidad.

El otro entrenamiento para ser más consciente de la realidad que nos rodea es precisamente practicar con ello a cualquier hora, percibir la realidad tal como viene, sin intelectualizarla, sin distorsionarla según los filtros e idealizaciones que hemos ido configurando a nivel social. Las posibilidades de mejorar la realidad cotidiana aumentan si se cambian los pensamientos limitadores por otros más generativos; un sistema de meditación sobre la marcha que los expertos denominan *Self-Talk*, hablarse a uno mismo. Y esta forma de argumentar con uno mismo no es otra cosa que pensamiento sistémico, una función desarrollada por la informática para que los ordenadores *piensen* de manera más práctica y eficaz.

La conciencia debe observar siempre las dos realidades que imperan dentro del ser humano, la física y la psíquica, ya que eso es el origen de la Sincronicidad. No se trata sólo de hallar coincidencias o casualidades, sino de concederles una utilidad práctica y con sentido. ¿Qué sucede en el plano físico cuando una persona piensa determinada causa o acción? Según el pensamiento causal, nada. Según el Pensamiento Sincrónico, la conciencia genera lo que sucede. Pero, ¿cuál es el motivo de que pueda relacionarse lo pensado con lo sucedido? ¿Cómo se puede medir un efecto así, aparte de la experimentación subjetiva?

Por lo general, usamos el álgebra para calcular las probabilidades de que algo ocurra. Pensamos mediante la matemática y el cálculo, al igual que hacen los ordenadores. Y no es raro, puesto que los hemos creado nosotros «a nuestra imagen y semejanza»; nosotros somos sus *dioses*, funcionan sin libre albedrío, programados de antemano. Esto nos recuerda la leyenda cabalística del Golem. En el siglo XVI, un rabino de Praga llamado Löw creó una criatura con el barro del río, a la que le dio vida recurriendo a los textos sagrados hebreos. El Golem había sido creado en un principio como esclavo doméstico, parecido a un autómata, pero de manera imprevista cobra conciencia de sí mismo e intenta rebelarse contra su creador al descubrir que tiene libre albedrío.

Los súper ordenadores son usados por instituciones y corporaciones igual que modernos oráculos de vaticinio. Podemos imaginarlos como las actuales bolas de cristal con las que ver el futuro, y, de hecho, sirven tanto para predecir los cambios meteorológicos como los sociales y económicos. Sin embargo, aunque cada vez son más eficaces, hace falta un procesador con una gran potencia, que todavía no existe, y desde luego sus predicciones aún están lejos de ser infalibles.

Lo curioso del hecho es que, dentro del ordenador, el lenguaje que activa los programas informáticos surgió del más antiguo método de adivinación que existe en el mundo: el I-Ching. Oficialmente se denomina *Libro de las Mutaciones*, y estaba emparentado con el taoísmo. Pocos saben que Carl Jung pasó los últimos años de su vida estudiando a fondo este curioso método rudimentario basado en el azar, con el que Leibniz sentó las bases para que George Boole desarrollara el sistema por el cual en la actualidad funcionan casi todos los ordenadores.

En 1854, George Boole, al estudiar las operaciones mentales que dan lugar al razonamiento, creó el código binario basándose en las ideas de la aritmética binaria planteadas por Leibniz en el siglo XVII. El código binario permite que los datos sean representados por combinaciones unívocas de impulsos *on-off*. Se representa con un 1 (uno) al impulso *on* y con un 0 (cero) al impulso *off*. Gracias a la combinación de muchos ceros y unos, es posible representar cualquier cifra, letra o símbolo. El círculo se cierra y la magia de ayer se convierte en la cibernética de hoy. Sin embargo, los ordenadores no pueden cobrar conciencia de sí mismos, no pueden rebelarse como el Golem de la leyenda hebrea, porque para ejercer su libre albedrío necesitarían disponer de conciencia.

Las teorías de Carl Jung han sido relegadas y tachadas de demasiado fantásticas por la psicología tradicional, en parte por el empeño de los psicoanalistas freudianos. Jung basaba el potencial latente del pensamiento en la fantasía, no en la lógica o en el Psicoanálisis desarrollado por Freud de acuerdo con la profundización de la estructura semántica del idioma. Con esta frase defendía Jung su trabajo frente a sus detractores: «El credo científico de nuestros días ha desarrollado una fobia supersticiosa ante la fantasía. Pero lo que actúa es real y las fantasías del inconsciente actúan, no cabe dudarlo. Tras el velo de las imágenes fantásticas un algo está obrando, démosle un nombre bueno o malo. Es una cosa real, por cuya razón sus exteriorizaciones vitales han de ser tomadas en serio».

Las teorías de la Sincronicidad y la Imaginación Activa, evolucionadas como un proceso alquímico e iniciático, le costaron a Jung años de su vida, y sólo al final concretó la forma de aplicar tan increíble poder a cualquier persona, no de manera terapéutica, sino para conducirle a que realizara su naturaleza esencial. Esto lo explica en el siguiente párrafo de la manera tan críptica en que acostumbraba a hacerlo: «Empecé a usar el sistema de tomar una imagen o escena de un sueño del paciente o una idea que le hubiese venido a la imaginación como punto de partida para que lo utilizase el paciente como tema de la libre actividad de la fantasía, dando forma al tema o desarrollándolo. Según las inclinaciones y las disposiciones del paciente, el desarrollo tenía lugar en forma dramática, dialéctica, visual, acústica o en la danza, la pintura, el dibujo o la escultura. Obtuve una gran cantidad de formas diversas, cuya multiplicidad me tuvo durante años sin saber cómo utilizarlas, hasta que comprendí que mediante este método se producían manifestaciones espontáneas en las que los conocimientos técnicos que pudiese tener el paciente solamente intervenían como medios auxiliares de la realización, manifestaciones espontáneas que traducían un proceso inconsciente al que di más tarde el nombre de Proceso de Individuación».

En 1945, Wolfgang Pauli había obtenido el premio Nobel de física por su principio de exclusión. Fue por entonces cuando comenzó a colaborar con Carl Jung para definir el concepto de Arquetipo, como un revestimiento de la personalidad, una coraza psíquica necesaria para interactuar con eficacia en medio de las eventualidades que sacuden la existencia del ser humano. Pauli inspiró a Jung: para la Física Cuántica, la vida puede compararse a un inmenso juego, cuya principal regla es el caos primordial. Para jugar a ese juego es necesario adoptar un rol, un Arquetipo, que Jung definió como «disociación del Yo» y Pauli como «simulación cuántica».

Para los físicos cuánticos, en el Universo todo sucede por azar (teoría del caos). Pero en la Tierra, donde las personas ejercen su influencia en la naturaleza con el fin de sobrevivir a las circunstancias que impone ésta, de poco sirven dichas elevadas hipótesis que se escapan a nuestra comprensión. El ser humano quiere conocer las reglas precisas por las que se rige la vida física y tangible; quiere conocer las *reglas del juego* para tener la garantía de ganar. De nada le sirve que la Física Cuántica diga que la única regla que impera es el caos. Por ello, el ser humano intenta superar el azar imponiendo reglas, normas, leyes, sentido, razón, lógica y control a todo cuanto le rodea.

Desde sus más remotos orígenes, el ser humano ha querido predecir el devenir y adelantarse a los acontecimientos. Los oráculos irracionales del pasado han dado paso a las máquinas lógicas (los ordenadores) de hoy, pero, en definitiva, con la finalidad de adelantarse al futuro, de escamotear las páginas de un enigmático Destino, presuntamente codificado en alguna parte. No obstante, el devenir cotidiano de cada persona radica en su interior. Es dentro de nosotros mismos donde deberíamos mirar para comprender lo que nos depara el futuro. «Quien mira hacia fuera, sueña; quien mira hacia dentro, despierta», dijo Jung.

¿Pero en qué medida es posible adelantarse al devenir, predecir e incluso programar el futuro, más allá de la lógica y la razón? Los científicos comienzan a reconocer que algunas filosofías ancestrales de Oriente, como la budista, tienen bastante sentido. Según los hallazgos de la Neurocuántica, la conciencia humana sobre su entorno es capaz de ordenar el caos en alguna medida. Quizá por eso nos da la sensación de que los hechos pueden ser predecibles, de que hay leyes ocultas que rigen el Universo, una *mano que mece la cuna*, un Gran Hermano cósmico detrás de todo; el jugador invisible. Algunos lo llaman Providencia o Dios, otros lo denominan suerte, fortuna o simple casualidad. Sin embargo, como veremos más adelante, la casualidad no tiene nada de simple.

La conciencia del ser humano es increíblemente ecléctica. Si lo que nos ocurre cada día nos gusta y se adecua a nuestros deseos, se lo adjudicamos a Dios, como resultado de la moralidad y de la fe, síntoma de un premio por mantenernos en Su ley. Otros lo achacan a la suerte, una ley aleatoria, laica y sin lógica; pero ambas igual de caprichosas. Por el contrario, si nos ocurre algo malo o indeseado, replicamos protestando contra la incomprensible ley divina, suponiendo que hemos hecho algo mal para que nos castiguen. O bien decimos que ha cambiado nuestra suerte, tornándose de buena a mala, debido también a insondables caprichos del Destino, quizá escritos en las estrellas.

Todos esos pensamientos nacen de nuestros deseos; no parten ni de reglas establecidas por la lógica o la moral ni de un libro universal que contiene la vida de cada cual, escrita como si fuesen los anales de la Humanidad o el libro de reglas y premisas de un juego de rol. Los pensamientos son un factor de posibilidad, una energía que puede materializarse o no, como la cualidad cuántica llamada Onda de Probabilidad, capaz de hacerse realidad en un espacio y un momento dado.

Pero para que se materialice un pensamiento hace falta un determinado impulso mental más allá del simple deseo, un empuje consciente, una poderosa mezcla entre la conciencia y la voluntad. Esta última materializa el pensamiento convirtiéndolo en eso que llamamos realidad, aunque ésta sea mucho más amplia de lo que pueden mensurar nuestros rudimentarios cinco sentidos.

Aun así, ni siquiera la voluntad conduce a los resultados deseados. Muchas veces ocurre más bien que materializamos justamente lo que no queremos. ¿Qué ocurre entonces? ¿Por qué no hay sentido, por qué no existe una regla fija a la que atenerse para que todo nos vaya siempre bien? El caos que percibimos acaece porque las distintas voluntades dimanadas por la multitud de intereses personales en juego chocan entre sí, anulando su carga y su influencia, igual que las bolas que chocan en la mesa de billar, que interrumpen las trayectorias.

Pero sí hay leyes que pautan el azar. Y en ese ámbito inexplorado todavía por la física, ocurre a veces que la conciencia modifica el Quantum, que las voluntades se multiplican originando una ola de cambios, como sucede durante la reacción nuclear que da lugar a una explosión atómica. ¿Cómo activar semejante fuerza? Lo primero que hay que saber es que se produce de manera subconsciente, por eso es tan difícil que tengan una motivación y un efecto predeterminados. El conjunto que dimana de voluntades inconscientes de distinto signo se anulan, mientras que las de igual signo se suman. Pero en todo caso, se trata de fuerzas incontroladas, que unas veces causan el bien y otras el mal.

En definitiva, nosotros, como colectivo, somos los únicos responsables de nuestro Destino. Nosotros somos nuestro principal impedimento para ser felices. Como dijo Jung, «el único peligro que en verdad existe es el ser humano en sí mismo. El Ser Humano es el Gran peligro y nosotros tenemos un penoso desconocimiento de ello. No sabemos nada del Ser Humano, ni siquiera un poco».

Entonces, ¿estamos condenados a que nuestro pensamiento subconsciente nos paute la vida? Que sea subconsciente no quiere decir necesariamente que no podamos controlarlo en alguna medida. Es una paradoja difícil de explicar. Baste ahora decir que podemos materializar de manera generativa nuestros pensamientos subconscientes si los unimos a otros similares, sin necesidad siquiera de que conozcamos o estemos próximos a la persona o personas que en cualquier parte del mundo piensan, sienten y desean como nosotros. Ésta es una de las curiosas particularidades de lo que Leonardo da Vinci denominaba el Vuelo de la Mente. Cinco siglos después, la Física Cuántica ha demostrado que las subpartículas atómicas se comunican entre sí, sin mediar la distancia, incluso en dimensiones distintas. Los expertos llaman a tal efecto Cuantización del Espacio; los budistas, *Dharma*, y los católicos, Espíritu Santo.

La corriente de voluntades constituye una infinidad de posibilidades (estudiada en la Teoría de los Mundos Múltiples), una especie de cuarta dimensión o hiperespacio, dicho en términos cibernéticos; un magma de posibilidades en potencia, latentes y muy reales, que Carl Jung calificó de Inconsciente Colectivo. Nuestra conciencia subconsciente conecta con el Inconsciente Colectivo sin que nos demos cuenta; los pensamientos subconscientes que habitualmente pueblan nuestra conciencia, que configuran eso que denominamos erróneamente personalidad acceden a dicha cuarta dimensión, se incuban y se suman o entran en conflicto y se anulan bajo la única ley del azar, una ley, sin embargo, que puede comprenderse y utilizarse.

Para obtener mejores resultados por simple azar debemos conectar de manera consciente con lo Inconsciente. Si pensamos (y sentimos) conscientemente, tomando conciencia de nuestros verdaderos deseos y nuestro verdadero Yo, nos sumamos a otros similares, se incuban en la corriente de voluntades, se multiplican y se materializan, transformando los sueños en realidad. Esto es lo que configura cierta coherencia dentro del azar, los pensamientos conscientes reordenan el caos creando una conciencia colectiva o cuántica (la de todos los pensamientos y sentimientos similares).

Los físicos llaman a esta súper conciencia universal Orden Implicado. Mantener la conciencia y la voluntad en conexión siempre con nuestros deseos y necesidades las refuerza y materializa; por eso, cualquier pensamiento y emoción que parte de nuestra identidad tiene un efecto sobre nuestra vida y la de los demás. Somos responsables de nuestro destino y del de todos a la vez. Por eso deberíamos prestar más atención a lo que irradiamos con nuestra mente subconsciente (lo que pensamos, lo que imaginamos), pues forma parte del proceso creador de la realidad de cada día. En uno de los párrafos más clarificadores, Jung dejó escrito: «Sin la mente humana, el inconsciente es inútil. Éste siempre busca sus propósitos colectivos y jamás tu destino individual. Tu destino es el resultado de la colaboración entre la conciencia y el inconsciente».

Las casualidades no tienen sentido, es decir, direccionalidad; en realidad todo hecho simbólico no tiene más sentido que el que nosotros le queramos dar; tenemos que encontrarle sentido, el sentido que nos conviene. Pero el sentido es siempre algo muy relativo. Lo que para uno tiene un sentido, para otro puede tener otro o no tener ninguno. Así pues, la clave es: podemos interpretar los mensajes sincrónicos de manera positiva para reorientar nuestra vida. ¿Cómo podemos calcular la ingente cantidad de mensajes y claves que nos ofrece la vida a diario? ¿Tiene la mente semejante capacidad, o necesitamos recurrir a una máquina, como pretendía el matemático inglés Charles Babbage, uno de los padres de la informática?

No en vano, en 1833, Charles Babbage sentó las bases de un rudimentario pero eficaz sistema de tarjetas perforadas para alimentar de datos a su teórica Máquina o Ingenio Analítico, que no construyó, aunque estaba tan bien ideada que para muchos supone el inicio de la ciencia de la computación. Babbage pretendía con ello establecer un sistema de computación con el que adelantarse a los movimientos del sistema financiero inglés y poder influir así en la economía mundial por medio de su máquina.

Los modernos súper ordenadores para el cálculo de probabilidades intentan establecer pautas en los hechos impredecibles, pero los científicos no consideran elementos válidos el azar y las casualidades; al contrario, tratan de ignorarlos si se producen, achacándolos a fallos en alguna parte del sistema o a errores humanos. Al hacer eso, perdemos la mejor guía para cambiar nuestra vida, ya que así no sintonizamos nunca con la realidad, siempre cambiante y aleatoria.

Sin embargo, los ordenadores también trabajan con lo aleatorio, más en concreto, con lo que se denomina generadores de números pseudoaleatorios, pero los programas informáticos (que son como la rudimentaria conciencia del ordenador) coartan su capacidad aleatoria que los convertiría en oráculos tecnológicos perfectos. Paradójicamente, los programas han sido creados para controlar la mente aleatoria del ordenador y obligarle a que ofrezca resultados lógicos y causales, así que su predicción es muy limitada en los hechos y en el tiempo, ya que lo racional y lo lógico nunca ofrecen símbolos que interpretar, ya está todo dado de antemano. Muchas veces, las personas nos comportamos igual.

La vida como juego de rol

A menudo se ignora el hecho de que nosotros también formamos parte del caos universal, por tanto, lo aleatorio (las casualidades) no debería resultarnos tan extraño. Los ordenadores funcionan con un sistema de aleatoriedad muy parecido a la entropía que impera en el Universo, ya que según la Teoría del Caos todo es casual: azar. Un ordenador se *inicia* transformando lo aleatorio del código binario que constituye la base de su lenguaje activando una determinada operación.

El ordenador no tiene conciencia, ya que no dispone de *yo* (ego), pero sí posee un principio rudimentario de inteligencia basado en la elección entre dos opciones (0 o 1), lo que le permite activarse. Al recibir en su sistema la energía eléctrica que lo alimenta, *elige* funcionar. La propia observación del ordenador hacia su básica elección entre *sí* o *no* le proporciona el albedrío suficiente para poder arrancar. Es lo que se conoce como *randomización*, vocablo cuya raíz etimológica es *random*, palabra de origen inglés que significa «fortuito», «aleatorio».

El cerebro humano también realiza ese mismo tipo de acción, gracias a una facultad mental que computa lo aleatorio, el Generador de Aleatoriedad, un centro de posibilidades electivas que transforma el azar en respuestas adecuadas dentro del contexto físico en el que se halla la persona. En esa parte de nuestro cerebro radica el área con la que tomamos las decisiones. Toda decisión humana es la conversión aleatoria de la entropía en una de tantísimas posibilidades en las que se bifurca el código binario, y esto es lo que convierte al oráculo chino del I-Ching en un sistema para crear el futuro cuando alguien lo consulta.

Si existen personas que consiguen más éxito en la vida es precisamente porque usan a mayor nivel ese centro de randomización mental, adaptándose mejor a la entropía. Carl Jung se interesó en el estudio y comprensión de las claves que influyen en lo que llamamos azar, eso que el gran físico cuántico David Bohm calificó de Orden Implicado dentro del caos y los orientales designan con palabras como *Dharma* o Tao. Jung comprendió que la expresión mística *vivir en el Tao* (permanecer sin miedo en conexión consciente con el caos primordial del Universo) proporciona una vida con sentido, más acorde con nuestra verdadera naturaleza, con lo que realmente somos en esencia y de manera particular, para convertirnos en aquello que podemos llegar a ser por influencia de potencias naturales mayores que la humana.

Y así es como dedujo que la vida, como todo sistema basado en el azar (el I-Ching, la oca, el Tarot...), es un juego de rol. Cada uno tiene su cometido particular, y el primer paso es descubrirlo. La verdadera finalidad de la vida es disfrutar del proceso, recorrer el camino, sortear las limitaciones y alcanzar cada uno su destino aprovechando los mensajes en clave del azar. Lo que importa es la búsqueda, no el objetivo. Así lo expone la bella estrofa del poeta griego Cavafis, que hace referencia a la búsqueda de la utópica isla Ítaca por parte de Ulises: «Ten siempre a Ítaca en mente. Llegar a ella es tu destino. Pero no apresures nunca el viaje. Mejor que dure muchos años y atracar, ya viejo, en la isla; enriquecido de cuanto has ido ganando por el camino sin la esperanza de que Ítaca te haga rico».

En el juego de la oca se avanza por azar (según la suma obtenida cuando arrojamos los dados), pero no todo es azar. El rol de cada jugador también influye, como ha demostrado un curioso experimento estadístico. Según las reglas del juego, gana el participante que primero alcanza con su ficha la última de las casillas. Vencer en el juego de la oca parece una simple cuestión de azar, donde no influye ninguna cualidad personal de los jugadores, tan sólo la suerte al arrojar los dados. Pero Carl Jung descubrió que los roles (Arquetipos) de cada jugador están vinculados al campo cuántico del juego (el contexto y el tiempo de la partida) y a la mente de los demás jugadores implicados. Y que si se cambia el Arquetipo, también cambia el resultado.

La conclusión que dedujo Jung de todo ello es que obtener el mejor resultado posible dentro de un período de tiempo y contexto ateniéndose a reglas fijas y con el azar como ley universal no sólo es una cuestión de casualidad, sino que también podemos alterar el resultado incidiendo en el campo cuántico a través de los Arquetipos que asumimos. Cuando un jugador parece que tiene *mala suerte* quizá sea porque no juega con el Arquetipo apropiado para ese momento en particular.

Esto es lo que ocurre, dedujo Jung, cuando no sincronizamos con el Inconsciente Colectivo u Orden Implicado: la *suerte* no nos acompaña, el azar no está de nuestro lado. Porque si el Arquetipo no es el apropiado para el momento y el contexto, no interactuamos adecuadamente con la entropía o caos primordial del Universo. La suerte, tanto en los juegos como en la vida, no depende sólo del resultado de los dados (el azar), factores como la genética, la cultura, el lugar de nacimiento, la educación recibida, etcétera, sino también, y sobre todo, del Arquetipo que cada uno es libre de asumir.

En contra de lo que pensamos, los oráculos no servían para predecir el futuro, sino para conocer el Arquetipo del consultante y enseñarle a obrar de modo más acertado conforme al destino que deseaba obtener al efectuar su consulta. El oráculo es un método para reordenar el azar en beneficio de quien consulta. Para ello, nuestro cerebro cuenta con el Generador de Aleatoriedad, que trabaja para obtener del caos un sentido comprensible y adecuado a nuestra escala humana.

Ya hemos visto que la mente funciona de un modo semejante a como lo hace un ordenador, por el código binario basado en unos y ceros. Dicho lenguaje, obtenido por el filósofo alemán Gottfried Wilhelm Leibniz en el siglo XVIII al analizar a fondo el ancestral oráculo chino I-Ching, fue adaptado para las computadoras por ser más coherente con la realidad que el sistema numérico decimal.

Los científicos han comprendido que nuestra mente ahorra tiempo y energía usando un método similar para elegir la mejor decisión ante cada momento y contexto. Sin embargo, la misma lógica binaria que simplifica nuestra manera de pensar puede acabar encadenándonos en el mismo determinismo que caracteriza el funcionamiento de un ordenador. Nuestra mentalidad causal (y, por tanto, limitada) proviene precisamente de pensar en modo binario, eficaz pero inadecuado para saltarse las reglas del juego y forjar una nueva realidad.

No tenemos que ser adaptativos como los animales, sino proactivos. Tenemos que ir más allá del pensamiento disyuntivo propio del código binario; necesitamos aprender a pensar de modo más generativo (Pensamiento Sincrónico), para poder crear con la mente y materializar lo que soñamos. Los ordenadores no poseen conciencia ni libre albedrío, no pueden pensar por sí mismos ni ser dueños de su destino, como podemos hacer nosotros al asumir el Arquetipo que nos permita sincronizar con el potencial inabarcable del Inconsciente Colectivo, ese campo cuántico universal a nuestra disposición si sabemos cómo utilizarlo.

El ser humano es libre porque posee ambas cualidades en su cerebro, la de ser libre y la de no serlo; el libre albedrío es también la libertad de no usar el libre albedrío. Por eso, multitud de personas se pliegan al determinismo y se convierten en ordenadores, o, dicho en modo alegórico, en entidades que operan con el código binario, lo cual es una forma cómoda de jugar, empujados por el azar. Cómoda, pero a medio plazo, insatisfactoria.

Hay algo que Leibniz no supo ver, pero que Carl Jung sí comprendió al estudiar por su cuenta el I-Ching. El sistema de hexagramas basado en lo binario es sólo un soporte, como el hardware del ordenador. El oráculo por sí mismo no tiene poder, lo que moviliza al Quantum es el Arquetipo, influenciado por el oráculo. Tenemos dos mentes que operan de manera binaria y polar: una mente consciente, de la que emana el pensamiento causal, y una mente subconsciente, que opera de manera sincrónica, vinculándose al Inconsciente Colectivo.

Para tener éxito en el Juego de la Vida no debemos ser duales, sino ambivalentes. La integración de los opuestos, la combinación adecuada de ambas mentes, nos conduce por el sendero más adecuado a nuestro destino en particular. Pero los occidentales somos ante todo dualistas, mantenemos divididas las dos mentes; incluso minusvaloramos la subconsciente y todas sus posibilidades, por eso nuestra vida es más determinista que otra cosa; somos cada vez más predecibles (sistémicos), como los animales, y, por tanto, carecemos de la libertad y de la posibilidad de crear una nueva realidad, saltarse las reglas, gobernar nuestro destino y conducirlo hacia donde soñamos.

La mayor parte del tiempo nos limitamos a un nivel inferior de capacidad de maniobra. Y al conformarnos con los dictados que nos pauta el pensamiento causal operamos desde contextos equivocados, restando poder para influir y reorganizar las inmensas posibilidades del azar en nuestro beneficio. Carl Jung comprendió que tanto el I-Ching como el Tarot eran oráculos para crear el futuro de quien los consulta. Todo es azar, y el azar es lo que nos vincula con el Universo. Lanzar una moneda al aire es como lanzar los dados en el juego de la oca, puesto que la entropía es el principio rector del Universo. Si no intervenimos por medio de nuestro Arquetipo, el azar gobernará nuestra vida y nosotros le llamaremos destino, como tantos millones de personas, que en lugar de tomar la iniciativa prefieren creer en lo que les dictan los horóscopos y el zodíaco.

No existe la relación entre dos acontecimientos casuales y distintos, como tampoco existe el futuro escrito en ningún lado. Es el hecho de ver (observar) de modo creativo dicha relación lo que modifica la realidad en ese mismo instante; al hacerlo cambia el comportamiento de las partículas subatómicas, el momento angular, y en ese instante se materializa una nueva realidad. La Sincronicidad funciona como la realidad virtual: es intangible pero real. Y para Jung todo era sincrónico: muchas cosas suceden al mismo tiempo, y nuestro Generador de Aleatoriedad está capacitado para relacionarlas, para encontrarles un sentido y un significado de acuerdo con el rol asumido. Es el sentido que damos al Juego de la Vida por medio del arquetipo lo que nos hace obtener un resultado mejor.

Realidades alternativas

Si limitamos el libre albedrío de que disponemos por naturaleza es porque el azar nos asusta tanto que preferimos negarlo y acogernos a reglas, a leyes, a credos y a estructuras sólidas, a horóscopos y zodíacos, aunque sea todo eso lo que coarta nuestra capacidad de reacción y evolución. Pero el azar, el caos primordial, la entropía también tienen sus propias leyes, su propio Orden Implicado, como lo definió David Bohm. Lo que llamamos realidad (nuestro *Ahora*) no es más que una de las probabilidades presentes en la complejidad que compone todo el Universo. Lo cierto es que la realidad no es otra cosa que realidad virtual.

Entonces, ¿cómo podemos navegar, orientarnos y sacar partido de algo tan indefinido? La respuesta es la siguiente: en el momento en que una nueva posibilidad entra dentro de nuestra conciencia, comienza a materializarse una nueva realidad, un nuevo presente; esto es lo que afirma la Teoría de los Mundos Múltiples. La complejidad caótica que subyace a nivel molecular hace que sea posible algo que no comprendemos muy bien: la existencia de realidades paralelas en estado latente y todavía no materializado. Son realidades intangibles en estado de incertidumbre pero dentro de nuestro campo cuántico.

Esas realidades alternativas explican la existencia de los hechos sincrónicos que observó Carl Jung. Al elegir en cada momento del presente, al poner la conciencia en algo, descartando otras parcelas de realidad, hacemos tangible uno de los múltiples mundos posibles. Por eso, ni los horóscopos ni los ordenadores más avanzados pueden vaticinar el futuro, ya que éste lo construimos a cada paso con nuestra conciencia y libre albedrío. Tal y como ya indicó Jung, somos nosotros mismos quienes trazamos nuestro destino en el Juego de la Vida con las elecciones que hacemos en el estado presente. Y en el momento en que nuestra conciencia genera una nueva idea, surge la chispa que desencadena nuevos acontecimientos para convertirla en realidad.

¿Pero qué es lo que hace que una de las posibilidades se materialice y se descarte a las otras? La respuesta es la elección. Como ya hemos visto antes, al no utilizar el instinto, nuestra mente lógica, ante la inmensidad de posibilidades que nos ofrece el caos primordial, actúa de manera binaria, dividiendo en dos la realidad percibida: sí/no, de manera idéntica al modo en que opera un ordenador. Nuestro futuro depende de esas pequeñas, pero continuas elecciones, realizadas sobre la marcha. Si el cúmulo de elecciones es erróneo, nuestra vida se resiente y no cosechamos el resultado que nos habíamos propuesto.

¿Existe una lógica o, por así decirlo, una doctrina acertada sobre la elección? No, aunque las religiones lo pretendan así para pautar normas morales de comportamiento y reglamentar a su acomodo el libre albedrío humano. La mayor parte de las veces la elección se produce por simple automatismo y a nivel semiinconsciente. La única manera de acertar siempre es dejándose guiar por el Generador de Aleatoriedad (nuestro GPS interior) de nuestro cerebro, pero no todas las personas lo tienen activado, no todos los individuos le prestan atención o saben comprender los mensajes que nos envía, cuya esencia es la Sincronicidad. Funcionamos mejor, como descubrió Jung, guiados por los mensajes y pistas que capta e interpreta nuestra mente subconsciente en relación constante con el Inconsciente Colectivo.

Un ordenador muy potente puede ganarle a una mente humana en una partida de ajedrez, como ya se ha dado el caso, pero no puede ayudarnos a elegir la correcta opción para que acertemos en lo más adecuado; ningún ordenador puede ayudarnos a realizar la elección que nos conduce a nuestro mejor destino posible, como todo ser humano desea, porque la elección es un acto de libre albedrío.

El presunto antagonismo entre lo consciente y lo inconsciente induce a muchos a la confusión, pensando que un cambio mental tan grande sólo puede realizarse mediante hipnosis o técnicas externas similares, pero no necesariamente es así. Carl Jung investigó a fondo los cultos, filosofías y oráculos de Oriente para comprender que dicho antagonismo entre lo consciente y lo inconsciente no existía en la antigua filosofía oriental. Antes de la globalización cultural del mundo, los orientales estaban más acostumbrados a realizar la fusión entre los opuestos, contenida en la filosofía del *Dharma* y del Tao, que prefirió citar con el término de Inconsciente Colectivo.

Según creyó Jung, podemos influir en el Inconsciente Colectivo por medio de la conexión consciente con nuestra mente subconsciente, y eso es lo que promueven las técnicas meditativas orientales, como el Zen. La interpretación de los oráculos constituye un intento para comprender el modo en que se producen los hechos sincrónicos, restableciendo la conexión escindida entre la mente subconsciente con el Inconsciente Colectivo. Resulta difícil restablecer dicha conexión con el subconsciente mediante un acto de voluntad consciente sin ningún tipo de ayuda exterior, por eso fueron desarrollados los oráculos y las técnicas de adiestramiento mental, como la meditación. Pero Carl Jung no se conformó con estudiar la influencia de los oráculos, mandalas y técnicas mentales en el ser humano, sino que también creó su propio sistema meditativo, más acorde con la mentalidad de Occidente. Me refiero a la Imaginación Activa, que analizaremos con detalle más adelante.

Entrar en relación consciente y voluntaria con el Inconsciente Colectivo exige un esfuerzo y un entrenamiento. Como en las artes marciales, hemos de someter al Ego para que pueda entablar contacto consciente con el Tao, la Fuente Universal, o principio generador de todas las posibilidades. El proceso es voluntario, aunque cuesta pasar voluntariamente por una experiencia de tal magnitud. Las circunstancias aleatorias nos enfrentan a veces con nuestro destino, y de nuevo es el azar quien nos conduce. La clave para sincronizar con todo ese campo de posibilidades en potencia radica en elegir el Arquetipo adecuado con el que materializar la realidad que deseas.

Reprogramación mental

Antes de comprender la forma en que podemos influir en el azar es necesario aprender a corregir los malos hábitos de pensamiento que distorsionan la conexión entre nosotros y el Inconsciente Colectivo. Jung creó para ello un proceso iniciático particular denominado Individuación, similar a un entrenamiento activo de reflexión, meditación y adiestramiento vital para purificar la percepción y aprender a utilizar el Pensamiento Sincrónico. Este proceso iniciático era lo que Joseph Campbell llamaba «sendero de probación», en el que «se purifica el Ego, los sentidos se limpian y se hacen humildes».

Eliminar los errores del pensamiento causal y determinista que nos impiden sincronizar al máximo nivel es un proceso que requiere disciplina, empeño, constancia y sobre todo un nuevo enfoque mental de nuestra existencia. La Individuación, por medio de la Imaginación Activa, enseña cómo cambiar el arquetipo presente por uno más elevado y generativo para obtener un mejor resultado en el

Juego de la Vida. En suma, se trata de aprender a reprogramar nuestra conciencia mediante programas mentales y pautas de comportamiento que te conviertan en la persona que puede transformar su sueño en realidad.

Funcionamos mejor por intuición que por voluntarismo, razones, lógica y planificación, según afirman los expertos. De acuerdo con el aclamado físico alemán Albert Einstein, «la intuición es lo único realmente valioso; es un regalo de Dios». Nuestro cerebro es un oráculo natural, y si a él le añadimos el Arquetipo más generativo para cada contexto y momento, nos proporciona de manera inconsciente las respuestas y los caminos que necesitamos para conseguir lo que deseamos.

Pensamos a tanta velocidad que muchas de las decisiones que tomamos (a menudo las más decisivas) se producen por intuición, no por lógica o razonamiento, como nos gusta suponer. No en vano, como afirma Joachim Goldber, neuropsicólogo de la Universidad de Nueva York, «la gente dice que se ha tratado de una decisión intuitiva sólo cuando ha resultado ser una decisión correcta». Pero entonces, ¿quién tiene el control de nuestros actos, nuestro cerebro o nosotros? «El cerebro sabe qué variables nos resultan útiles para la supervivencia y las selecciona en milésimas de segundo», afirma Wolf Singer, director del Instituto Max-Planck de Neurología y Psicología Cognitiva de Leipzig.

Lo sorprendente es que el cerebro actúa sin que la persona sea consciente de ello. ¿Quién lo guía entonces? El Generador de Aleatoriedad que nos conecta con la realidad circundante. Por eso no debemos interferir en la intuición, sino aprender a deducir sus claves, los mensajes en código que nos envía por sincronización y hacerle caso. Es lo que Jung quería decir cuando se refería a prestar atención a las Casualidades Significativas, base de la Sincronicidad.

Como tuvo ocasión de verificar el prestigioso psicólogo portugués Antonio Damasio, verdadero creador del concepto de inteligencia emocional, los sentimientos, las emociones, las sensaciones... pueden ser más eficaces que el intelecto cuando hemos de tomar una decisión acertada. ¿Pero cómo captar las intuiciones, los mensajes de la Sincronicidad? Para ello es necesario corregir esa tendencia obsesiva tan occidental de controlarlo todo y aprender a relajarse, contrarrestar el estrés y la preocupación, los mayores impedimentos para la intuición. Ocuparse es correcto, preocuparse, avanzando en nuestra mente lo que puede salir mal, es un tóxico psíquico que mata la conexión con el Inconsciente Colectivo, base de los mensajes intuitivos.

Por otro lado, el nuevo enfoque mental precisa una buena y adecuada disposición consciente. Las pautas de control y voluntarismo sirven muy bien para emprender y llevar a cabo ciertas acciones, las tareas ineludibles y necesarias, pero factores de conciencia tan poderosos como la Sincronicidad no dependen del control ni de la voluntad, sino de la disposición mental a no dejar pasar detalle alguno que sea significativo. Es una vigilancia activa que se realiza de modo pasivo. Como en las diversas técnicas meditativas, la mente permanece calmada mientras que el sistema nervioso está vigilante para sintonizar el Generador de Aleatoriedad y permitir que nos envíe la mejor respuesta a cada situación.

Ya lo dijo Einstein: «El mundo que hemos creado es el resultado de nuestra forma de pensar». La tensión, el estrés y la preocupación distorsionan nuestro pensamiento, son enormes barreras que impiden dicha conexión, estados psico-físicos que cierran las puertas a los hechos sincrónicos y nos convierten en reactivos en lugar de generativos. Es preciso relajarse permaneciendo vigilante y estar atento a las señales, dejarse conducir, fluir con la vida, permanecer abierto a las oportunidades, incluso aunque no se perciban ni hallemos motivos para ello.

Otro error de pensamiento que debemos reprogramar estriba en centrarse en los detalles y los pasos que son necesarios antes de lograr el objetivo deseado. Planificar es bueno, pero ya hemos visto que controlar no lo es. Nadie puede controlar el proceso de vivir cada día intentando influir hasta en los últimos detalles. Pretenderlo es tan inútil como querer controlar un juego de azar. No depende de nuestra mayor o menor habilidad intelectiva. El Inconsciente Colectivo tiene sus propias reglas, inescrutables para nosotros. Por eso no hemos de indicarle los pasos que ha de seguir para llevarnos al objetivo que anhelamos, sino todo lo contrario, dejarnos guiar por él sin ofrecer resistencia, tan sólo indicándole qué es lo que deseamos. Los orientales confían por ello en el *Dharma* y en el Tao a tal extremo que lo dejan todo en sus manos. Lo correcto es tener bien presente cada uno su objetivo, con la necesaria intensidad emocional e implicación personal. Sólo eso hace que todo fluya en tu dirección.

Intentar controlarlo todo es la enfermedad psíquica del hombre actual, pues el despliegue del Inconsciente Colectivo tiene su propio modo de actuar, no se atiene a nuestras leyes lógicas y racionales. Con una actitud mental equivocada estamos rechazando la sincronía que nos guiará sin esfuerzo; si controlamos cada paso hacia la meta de manera obsesiva, nos enfrentamos al azar de una manera pueril. No es nuestro consciente, sino nuestro subconsciente, quien ha de trabajar los detalles hacia la meta. Deja que tu Generador de Aleatoriedad sincronice y te dará las respuestas que buscas de la manera más natural y cuando lo necesites. Debes controlarte tú, no pretender controlar las circunstancias. Es difícil perder esa costumbre de controlarlo todo.

La experiencia que acumulamos en la vida puede conducirnos a la costumbre, y ésta al inmovilismo. Por eso, en ocasiones resulta necesario olvidar lo aprendido, desprenderse de antiguos hábitos, del viejo programa mental que adoptamos hace tiempo cuando las circunstancias eran otras. Hay que salir del laberinto que nos acorta la visión, saltar de la rueda loca que nos atrapa como a un ratón de laboratorio. Vaciarse de lo antiguo para llenarse de lo nuevo. Los budistas dicen que en una taza llena ya no cabe nada más. Hay que vaciar la taza y dejar que el Inconsciente Colectivo nos la llene con las respuestas que necesitamos. Porque si no vacías la taza, no cabrán las respuestas que pides.

Si conduces, habrás experimentado que para hacerlo bien hay que centrarse en el objetivo, y no en los detalles. Esto lo hacemos de manera global, integrados de un modo instintivo y automático con el automóvil, la carretera, las señales indicativas, los demás conductores… Nadie va racionalizando cada paso al mirar por el espejo, pisar el embrague, corregir el volante un microsegundo, cambiar de marcha… Es parecido a montar en bicicleta: para poder hacerlo bien no hay que pensar en cómo mantener el equilibrio. De eso se ocupa el subconsciente, que transmite al cuerpo y a los sentidos las correcciones necesarias de manera automática y sin que lo percibamos.

Un error para alcanzar nuestro destino es precisamente no tener claro cuál es dicho destino. Un refrán oriental dice que «ningún viento es bueno para el velero que no sabe adónde va». Hay que determinar cuál es el objetivo principal y natural de nuestra vida, y cómo ese objetivo nos conducirá al futuro específico que deseamos crear y alcanzar. Para ello hay que tener en cuenta que un objetivo vital grande impulsa más que uno pequeño; no hay que temer la ambición; al contrario, con bajas expectativas no es posible configurar una existencia que valga la pena. Pero el objetivo no ha de ser obtener un resultado particular o alcanzar la meta, pues ésta no se alcanza jamás, como no se llega nunca a la Ítaca de Ulises. El Juego de la Vida no tiene fin.

El objetivo del proceso de Individuación de Carl Jung es hacer que la vida, dure lo que dure, merezca la pena ser vivida; hemos de convertirla en algo grande, para que al final nos sintamos plenamente satisfechos de haber obrado de la mejor forma posible para nuestro beneficio y el de los demás. Por eso Goethe afirmó: «La vida es corta, no la hagamos también pequeña». ¿Pero cuál es el verdadero objetivo de la vida? Los budistas dicen que el único objetivo de la vida es ser feliz. La vida es un juego de rol, y la finalidad de todo juego es jugar, disfrutar del proceso, no tan sólo ganar. Ganar es tan sólo un aliciente contemplado en las reglas, no una meta en sí misma, y tu aspiración ulterior ha de ser jugar con tus propias reglas, no dejarte llevar por las fuerzas del azar.

Mientras tanto, hay que valorar cada momento de nuestra vida, percibirla en su debida intensidad, pues nunca sabemos cuándo acabará nuestra existencia. Cuando nos acostumbramos a sincronizar con todo cuanto nos rodea, vivimos la vida con más intensidad y tranquilidad. Sabemos que no podemos fallar, que en todo caso vamos a ganar, que podemos cambiar de Arquetipo sobre la marcha y adecuarnos a las nuevas circunstancias, que controlamos nuestro presente y somos también los diseñadores de nuestro futuro. Como parte implicada, el despliegue generador del Universo nos proporciona lo que necesitamos en el momento adecuado, pero es nuestra responsabilidad saberlo ver y aprovechar. El Tao nunca nos deja caer, ni a nosotros ni a nada. Según Joseph Campbell: «Una fuerza sobrenatural nos ayuda en medio de las pruebas más penosas».

Carl Jung estudió a fondo el pensamiento taoísta y la meditación zen con la intención de reprogramar la conciencia para que se adapte mejor a las exigencias de la vida.

Hoy en día están sometiéndose a estudio científico las prácticas meditativas orientales en el prestigioso Instituto Tecnológico de la Universidad de California, con nuevos y sorprendentes resultados sobre la salud y el equilibrio emocional. La neurociencia quiere saber cómo funciona el modelo meditativo budista en la mente humana, ya que los científicos han descubierto que genera cambios tangibles en el funcionamiento del cerebro.

Las conclusiones pueden resumirse en lo siguiente: la meditación es una forma de reprogramar informáticamente la mente para que las dudas, el miedo, las emociones y los sentimientos no interfieran en la conciencia y el sistema nervioso que toma las decisiones vitales. Jung elaboró una práctica meditativa más generativa y acorde con la mentalidad de Occidente, denominándola Imaginación Activa, porque con la conciencia bien ajustada y enfocada hacia nuestros deseos, somos capaces de generar una nueva realidad, un salto cuántico.

Tal y como Jung descubrió, cualquier técnica creativa y potenciadora de la imaginación sirve para dominar a la Sombra que radica en el subconsciente (*Daimon*) y la pone a trabajar en nuestro beneficio, en lugar de que nos complique la vida. Con la Imaginación Activa, Jung desarrolló su propio sistema de meditación dinámica para poder activarlo a cualquier hora y en cualquier lugar, al contrario que las técnicas orientales, que exigen un estado físico y mental estático, impropio de nuestra cultura occidental.

Dicho esto, ¿podemos reprogramar la conciencia para obtener mejores resultados prácticos y tangibles en la vida cotidiana? La premisa básica de toda meditación es que no se puede influir de manera consciente en el subconsciente, y mucho menos en el Inconsciente Colectivo. Según dedujo Carl Jung, la puerta de acceso, la clave para lograr esta influencia, radica en el tálamo y el sistema nervioso central, generando eso que llamamos mente. En palabras del propio Jung: «Sin la mente humana, el Inconsciente Colectivo es inútil. Éste siempre busca sus propósitos colectivos y jamás tu destino individual. Tu destino es el resultado de la colaboración entre la conciencia y el Inconsciente Colectivo». Esto significa que la mente es egocéntrica pero el consciente Colectivo está al servicio de cualquiera que quiera usar sin cortapisas todo su enorme poder generador.

El Ego es un impedimento para la Sincronicidad. Existe la creencia de que con mucho empeño, esfuerzo y trabajo, una persona acaba por conseguir todo lo que se proponga. Sin embargo, la experiencia muestra que eso no es cierto. Todos sabemos que no logra más quien más se lo merece. La voluntad de la que hablamos es, en parte, una rémora histórica que hemos heredado de la moral protestante, del culto desmedido hacia el esfuerzo personal, el *self made man*, tan en boga en Estados Unidos, país profundamente calvinista. No digo que la voluntad sea inútil o nociva. Sirve para muchas facetas importantes y necesarias de nuestra vida que, no obstante, son puramente básicas e instrumentales.

La voluntad, por sí misma, no nos convierte, por ejemplo, en seres más creativos (la creatividad no se fuerza, es un don de la inspiración, y ésta pertenece al ámbito del subconsciente). La voluntad no se valoraría tanto si comprendiéramos que se trata de una cualidad primaria, relacionada mucho más con la predestinación que con el libre albedrío. Los animales despliegan una gran voluntad, y eso mismo es lo que los convierte en criaturas totalmente predecibles. La mente animal es sistémica; en cambio, la mente humana puede rebasar el sistema en donde vive, saltarse las reglas y crear su propio destino. Eso que llamamos instinto animal no es más que un programa de actuación determinado que hace seguir las pautas de especie con gran determinación. Pero al no salir de dichas pautas, no evolucionan, se convierten en víctimas de sus propios instintos; su capacidad de maniobra y superación se ve limitada a la mera supervivencia.

Los orientales procuran atenuar el ego y por eso no ponen tanto empeño en la voluntad. Hace siglos que los budistas crearon la práctica zen para librarse de la tiranía del Ego, de las cortapisas de los instintos, las emociones, los sentimientos y la polarización que nos escinde del Universo en expansión, los errores de pensamiento que coartan a la mente humana en su proceso de alcanzar la *iluminación*, como ellos llaman al estado de máxima felicidad posible.

Esto lo realizan mediante el vínculo de conciencia que surge entre el pensamiento y el sistema nervioso. Para el budismo, el pensamiento determina la acción, y ésta el pensamiento. Este bucle implica que al cambiar uno, se modifica el otro, en ambos sentidos y de forma automática. Y eso es lo que transforma nuestra realidad como si fuese un nuevo programa mental. La clave radica en atenuar el Ego, adoptando el Arquetipo más generativo a lo que deseas conseguir, creando un Yo Virtual, un Avatar. Así es como una persona puede influir en la realidad, como hacen los grandes maestros de la sabiduría oriental, moviéndose a medio camino entre nuestro mundo material y el mundo cuántico. Esto lo aprenderás más adelante.

Podemos considerar el Generador de Aleatoriedad como el de todo el sistema mental, como un disco duro que almacena programas, datos e información para sincronizar mejor con el Inconsciente Colectivo. Ahora bien, si el cerebro está sobrecargado (la taza llena) por información intrascendente, dispersión, desbordamiento de las emociones, ansiedad, estrés, frustraciones…, la eficacia mental se verá mermada y no podrá generar la potencia psíquica necesaria para que salte la chispa que sincroniza con el Inconsciente Colectivo. La conexión cuántica no se produce si el Generador de Aleatoriedad no está bien ajustado, y en lugar de reconectarnos con el Inconsciente Colectivo, distorsiona la realidad. Entonces, el azar toma el control de tu vida y te vuelves determinista.

La meditación sirve para reajustar y limpiar el disco duro mental de toda la confusión y suciedad que acumula, y que produce distorsiones y fallos en la conexión cuántica. Los budistas afirman que la meditación zen sirve para mantener limpio el espejo de la conciencia. Para que funcione con eficacia, necesitas eliminar todas las interferencias, porque sin esa limpieza previa, puede activarse con la suficiente potencia el Generador de Aleatoriedad. Es fundamental relajar el sistema nervioso y aquietar la mente para que juntos puedan generar la energía necesaria para la conexión cuántica. Las distorsiones del pensamiento inconsciente y residual le restan potencia, y entonces la sincronía no se produce.

Carl Jung dejó escrito que «cuando no se toma conciencia de una situación interna, ésta sucede fuera como destino». Es decir, de una manera o de otra, generamos la realidad, cuya semilla radica en nuestra conciencia. Tenemos que vaciar la mente de pensamientos inapropiados a base de llenarla de otros más poderosos y generativos, expulsar las ideas y las imágenes mentales que nos limitan y crear otras que nos impulsan y crean el futuro que deseamos.

La Sincronicidad en acción

Mediante la Sincronicidad, el Inconsciente Colectivo envía mensajes en clave para resolver todo cuanto nos plantea la vida y para conducirte hacia tu máximo nivel de posibilidades. Pero debemos aprender a descodificar los mensajes para comprender su significado. El Inconsciente Colectivo es como un enorme archivo donde se acumula todo el conocimiento y la sabiduría de la Humanidad desde sus orígenes, como si fuera un almacén virtual, parecido a Internet, y al que podemos tener acceso de manera individual, consultando lo que deseamos. La respuesta llegará de un modo u otro, igual que cuando buscamos alguna información a través de Google en la Red.

El experto en física cuántica David Peat califica la Sincronicidad como un «puente entre la mente y la materia». Para obtener dicha sincronización de manera consciente y programada, antes tenemos que conocer cómo funciona nuestra conciencia, la responsable de que consideremos real aquello que observamos a través de los filtros de la mente y los sentidos. El Generador de Aleatoriedad trabaja enfocado a interpretar eso que llamamos realidad para otorgarle un sentido práctico. Así es como el ser humano, gracias a dicha brújula mental, ha logrado convertirse desde hace milenios en el rey de la creación, pasando de simple primate a controlar su propia vida, libre y con un destino por escribir.

Activar y utilizar el Generador de Aleatoriedad para que nos conecte o sintonice con todo lo que deseamos necesita una especial actitud, no funciona sólo con desearlo y proponérselo. Como está radicado en la conciencia, lo mejor es vivir siendo consciente de que lo tenemos, porque si no eres consciente de que tienes una herramienta, no la utilizas nunca. Dicha *toma de conciencia* es el primer paso para servirse de la Sincronicidad. Cuando sabes que todo a tu alrededor está sincronizado en el tiempo y en el espacio, tal como afirma la Física Cuántica, comienzas a percibir sutilmente los mensajes que te muestra el Inconsciente Colectivo a través de símbolos, hechos, interacciones personales o situaciones.

Al principio cuesta descodificar, encontrar un significado, pero si vas prestando atención consciente, comenzarás a comprender poco a poco un creciente número de mensajes y respuestas a tus planteamientos vitales, a tus deseos en particular. Esto es algo que requiere tiempo y entrenamiento, no basta con desearlo, y al instante recibes el mensaje o la respuesta. Por otro lado, no todo lo que ocurre a tu alrededor tiene un significado, sino tan sólo aquello en relación al asunto que te inquieta resolver o para conseguir algún beneficio importante.

Cuando decimos que «no existe la casualidad» en parte es así, porque suponemos que tras lo que parece una cuestión de azar hay algo más. Pero en ocasiones no hay nada más que una simple coincidencia dentro del campo cuántico en el que todos interactuamos, y es gracias al Generador de Aleatoriedad como empezarás a diferenciar entre lo que tiene significado útil y práctico y lo que no, porque lo cierto es que sí existe la casualidad. Cómo ejecutar esa toma de conciencia requiere un profundo cambio de actitud, una penetrante observación e interés hacia lo que ocurre a tu alrededor, evaluándolo sin juzgarlo ni opinar, una observación neutral que se parece mucho a ese particular estado de la conciencia que los orientales denominan Zen.

Conviene ir por la vida con una gran apertura mental, abierto a todo lo que ocurre y sucede al mismo tiempo, aunque al principio no veamos la conexión que subyace, sin descartar nada, pero también sin obsesionarse, porque la tensión genera turbulencias y distorsiones en la emisión y recepción mental de los mensajes. Cuando llevas algo en mente, lo normal es que tiendas a ver más y mejor lo relacionado con ese asunto y menos todo lo demás, dejándolo escapar, con lo cual te pierdes una gran cantidad de mensajes en clave. La mente, de manera equivocada, se piensa que todo cuanto no percibe no existe, por eso tienes que obligarla mediante la conciencia, para que pondere y valore todo, discriminando aquello que no sugiere nada útil para centrarse con lo que puede ser la respuesta sincrónica que andabas buscando.

Cuando aciertas de tal modo, algunos lo denominan suerte y otros intuición, cualidad que puede cultivarse mediante la práctica y el entrenamiento. Por ejemplo, una persona, debido a la preocupación que siente, pasa gran parte de su tiempo con la mente sobre aquello que considera un problema. Al obrar así, verá sólo todo eso que le ratifica lo que ya tiene dentro de su mente, impidiéndole sincronizar con esa nueva realidad en potencia que podría solucionar dicho problema. La solución pasa por detectar y romper a tiempo esa pauta mental nociva, ese círculo vicioso, y comenzar a observar abriendo y extendiendo el foco de la conciencia para ver lo que hasta ese momento quedaba fuera de apreciación.

Comienza por ampliar tu campo de interés. Emprende nuevas actividades, no por aburrimiento ni por diversión, sino para extender tu conciencia sobre nuevas *realidades*. Cuanto más tienes dentro de ti, más claves ocultas podrás detectar e interpretar. Sal de tu pequeño mundo, donde te sientes tan cómodo como limitado en perspectivas. Entrénate buscando vínculos y conexiones en todas las áreas de tu vida y las nuevas que debes emprender. Trata de hallar conexiones y coincidencias, de suscitar sinergias allí donde parece imposible.

Por ejemplo, a mí no me gusta el fútbol como espectáculo, pero al prestarle atención he comprendido y encontrado muchos vínculos entre lo que llamamos Juego de la Vida y la competición futbolística, el choque de los jugadores en un contexto determinado, convertidos en Arquetipos, tal como los definió Jung, y cómo ganar utilizando con sabiduría e inteligencia las mismas reglas, por encima del rival y las demás consideraciones del azar.

Abandona las rutinas, que poco a poco automatizan tu vida y te restan visión, capacidad de reacción y perspectiva. Otro ejemplo: en tu trayecto diario hasta casa o el trabajo, la compra o el centro educativo, cambia con frecuencia, pasa por nuevos lugares, porque dejas de contemplar todo aquello que ves a diario; además, pierde su significado y ya no percibes ninguna señal.

Ten a mano una agenda y anota cada día los hechos que te parezcan significativos para que no los dejes pasar por alto ni los olvides: un hecho curioso, un encuentro fortuito con una persona que no veías hace tiempo, un detalle aislado que te ha llamado la atención por cualquier motivo. Al cabo de un tiempo, cuando repases las páginas, advertirás que tal vez encuentres un sentido a lo que sucedió, y que aquello que parecía obvio ahora resulta clave.

Para los orientales, el tiempo es circular, no lineal como para los occidentales. Para el pensamiento oriental, todo lo que ocurre al mismo tiempo tiene un significado, aunque no se lo encontremos en el primer momento. Pero con la práctica, llegarás a encontrarle sentido y aprenderás a traducir las claves en respuestas. No hay otro modo para entrenar la percepción.

Cómo pedir una respuesta

El Inconsciente Colectivo no es tan sólo un archivo de conocimiento ilimitado al que tener acceso como si fuera la memoria de un ordenador. Su capacidad es tan enorme que en realidad actúa como si fuera una conciencia universal, por eso responde de modo similar a un «ser vivo». Lo es, aunque se trate de una vida virtual, no tangible ni orgánica como la humana. El Inconsciente Colectivo te responderá siempre que introduzcas el mensaje de acuerdo con su *idioma*. Por ejemplo, no le preguntes «por qué» ni «cómo», pues aunque sea tan poderoso, no responde según los modelos de pensamiento humano y nuestra forma de plantearnos los hechos.

Cuando busques una respuesta, una solución a lo que deseas resolver o conseguir, pídela directamente, sin más planteamientos, de manera proactiva y generadora, no retórica. Una forma de hacerlo es pedir una prueba o demostración real que suponga la respuesta y solución a lo que te inquieta o lo que deseas mejorar. Al hacerlo así es como sincronizas, porque la conciencia colectiva es muy práctica. No solicites una respuesta de acuerdo con lo que has pensado de antemano, con tus limitados parámetros humanos, deja que sea el Inconsciente Colectivo quien te responda de la mejor manera posible. Lo hará siempre del modo que más te convenga, más allá incluso de lo que tú te conformarías con recibir, porque para su *mentalidad* no hay nada imposible.

Tienes que pedir una respuesta que sea coherente con tu vida y lo que haces para conseguir tu sueño. Por ejemplo, no puedes pedir una respuesta económica sobre tu dedicación a la pintura como arte y modo de ganarte la vida si tú no pintas. La respuesta te llegará siempre de acuerdo con lo que haces y lo que pones de tu parte como contribución al colectivo humano. Te abrirá nuevos caminos, claves y posibilidades para que mejores el resultado de tu actividad. Acudirá a ti, tal vez, en forma de nuevas ideas o con la llegada de personas que te apoyen.

Por otro lado, el Inconsciente Colectivo responde mucho más y mejor cuando los propósitos que persigues en la vida son útiles a los demás, no sólo de manera individual y *egoísta*, por así decirlo. Esto ya lo dejó claro Jung cuando escribió que la gran conciencia universal siempre sirve a propósitos colectivos. Alcanzarás lo que sueñas haciendo lo que más te gusta, ya sea el trabajo con el que te ganas la vida o cualquier hobby, en beneficio de todos.

Cuando recibas tus primeras respuestas te servirán como refuerzo, acicate y motivación, y, en adelante, sincronizar y obtener una respuesta positiva de la conciencia universal será para ti tan habitual como la respiración y los latidos del corazón, inconscientes, pero siempre activos, más allá de la voluntad. Pues en realidad, el Inconsciente Colectivo ya sabe lo que quieres y te hace falta, pero no puede dártelo si no sincronizas con él. De hecho, la oración, sea cual sea la religión o el credo del que hablemos, también es un modo de dirigirse a esa conciencia universal que cada uno conoce de distinto modo y nombre.

Debes comprender que la Sincronicidad no funciona para que te toque la lotería, ya que los juegos de azar no dependen de la conciencia, ni personal ni colectiva. No son más que un entretenimiento estadístico, una mera cuestión de cifras y probabilidades. Al que le toca la lotería no hace sino comprobar el axioma puramente mecánico y circunstancial de que incluso un reloj analógico estropeado, con las agujas detenidas en cualquier posición de la esfera, durante un segundo muestra la hora real en dos ocasiones cada jornada. Multiplica el ejemplo del reloj por millones de posibilidades y combinaciones numéricas y tendrás una buena tesis de cómo funciona el determinismo de la lotería o cualquier otro juego de azar.

Las respuestas no son inmediatas y tardan un tiempo en llegar. Lo harán cuando menos te lo esperes, por lo que tienes que permanecer atento. Después de hacer la petición, ya no continúes pensando en ello, porque la tensión mental genera turbulencias y distorsiones en el campo cuántico. Es mejor que te relajes y pienses en otra cosa, plenamente confiado en que la respuesta llegará. Es curioso cómo las grandes ideas llegan por aparente casualidad, cuando menos lo esperamos. Dicho efecto se denomina Serendipia, y es la manera en que se produce una Sincronicidad.

Te habrás dado cuenta de que a veces, cuando buscas algo, no lo encuentras, y aparece cuando no lo estabas buscando. Así es como se produce también la conexión entre tu mente y el Inconsciente Colectivo. Con el término *Serendipia* se define cualquier descubrimiento realizado accidentalmente o por casualidad, cuando no se buscaba. La palabra proviene del neologismo acuñado a mediados del siglo XVIII por Horace Walpole, *serendipity*, a partir de un relato de origen persa titulado *Los tres príncipes de Serendip*. El argumento de dicho relato gira en torno a cómo los magos de la isla Serendip resolvían todo interpretando los designios del azar.

Por tanto, la Serendipia es un efecto que surge de la conciencia humana en conexión sincrónica con el Inconsciente Colectivo. Funciona de manera subconsciente, no le influye la voluntad. Por el contrario, se produce justamente cuando la mente consciente permanece involucrada en otra cosa distinta. Es entonces cuando llega la respuesta, en forma de mensaje o hallazgo, que supera siempre las expectativas iniciales de aquello que se desea. Dicho de otro modo: cuanta más intensidad consciente pones en conseguir algo, más lo alejas de ti, como si lo polarizases con la misma carga electromagnética. Sabido es que, en un imán, los polos del mismo signo se repelen.

La Física Cuántica no es únicamente para uso particular de los expertos y los científicos. No debemos consentir que la Ciencia se convierta en una especie de culto elitista y exclusivo a la que sólo pueden tener acceso unos pocos, tan sólo en manos de unos cuantos teóricos que actúan impartiendo su cátedra como sumos sacerdotes, imponiéndonos a los demás lo que tenemos que pensar y lo que no, lo que tenemos que creer y lo que no.

La Física Cuántica lo rige todo, incluso tu propia naturaleza, tu cuerpo, tu cerebro, lo que obtienes del mundo que te rodea. Y puedes obtener mucho más de lo que imaginas, porque hasta hoy no has creído que fuese posible, lo cual influye de manera negativa en las posibilidades en potencia. Éste no es un argumento como el que figura en algunos libros de autoayuda, repletos de conceptos difusos, imposibles de llevar a la práctica. Te hablo de un poder muy real, que algunos utilizan desde hace siglos porque lo comprendieron a tiempo, genios como Leonardo da Vinci, o los propios pioneros de la física y la psicología, como Jung y Pauli, empeñados en descubrir la forma en que un ser humano transforma el mundo en el que vive.

«Nuestro cerebro puede pensar también con la lógica cuántica: la fantasía, la imaginación, los sueños, la magia... son también funciones neuronales», ha declarado a los medios de comunicación Sonia Fernández-Vidal, doctora en Física Cuántica, que ha trabajado en el acelerador de partículas y en el laboratorio de Física Nuclear de los Álamos. Podemos influir en el campo cuántico de las personas y los hechos, por inexplicable que parezca. Puedes influir en los hechos que te rodean, incluidas todas las personas y posibilidades en potencia, porque «modelamos la realidad con la conciencia», según ha declarado Sonia Fernández-Vidal.

Por su lado, el conocido psicólogo estadounidense Daniel Goleman, creador de la Inteligencia Emocional, afirma que «tu enfoque determina tu realidad, porque nuestra realidad cognitiva es algo que construimos momento a momento, y que empieza con la atención», aquí mismo y ahora. Toda persona es un atractor cuántico en potencia. Tú mismo puedes polarizar la realidad que imaginas, pues «el cerebro es una máquina cuántica», señala Fernández-Vidal. Por eso, «en el momento en que te pones a observar esa realidad subatómica, ¡ya la estás modificando!». Dicha observación puede controlarse para obtener el resultado que deseas mediante un ejercicio diario que podríamos denominar meditación cuántica, una forma de centrar tu atención e intención en lo que deseas conseguir, creando en tu mente un contexto adecuado para que surja esa nueva posibilidad. Donde pones tu atención, tal es la realidad que se manifiesta para ti.

Las personas minusvaloran el poder creativo de la imaginación y otorgan todo el interés al pensamiento, pero la imaginación, como dijo Albert Einstein, «es más poderosa que la energía nuclear». Lo imaginado puede ser muy real. Todo en lo que recae tu atención *imaginada* se materializa de un modo u otro. Lo que observas con el ojo de tu conciencia cobra vida propia, tal como indica el principio de incertidumbre descubierto por el físico alemán Werner Heisenberg.

Para Sonia Fernández-Vidal, tenemos que acostumbrarnos a «pensar de modo más creativo, actuar sin victimizarse, saber que yo construyo mi realidad me hace comprender que todos estamos entrelazados». Lo que ocurre cuando empleas tu Generador de Aleatoriedad es que te conviertes en parte de la solución que tú mismo has activado, creando así las circunstancias para que suceda de mil modos distintos, generando las posibilidades en potencia que terminarán materializando lo imaginado.

El campo cuántico a tu alrededor vibra emitiendo un mensaje, como la baliza electrónica de un teléfono celular, aunque dicho mensaje viaja más allá del tiempo y el espacio. No se trata de pensar, sino de imaginar con la mayor precisión e intensidad en un estado de máxima relajación, precisamente lo que antes he calificado como meditación cuántica. Por eso, el mejor vehículo para emitir tu *mensaje cuántico* es la Imaginación Activa, tal como descubrió Jung. Las emociones deben evitarse a lo largo del proceso sincrónico, porque toda emoción surge de una experiencia que ha ocurrido en el pasado, que puede boicotear tu futuro. Y mirando hacia el pasado nunca verás lo que te depara el destino. Tal como indica Daniel Goleman, «los sueños y las metas, por imposible que parezcan, estimulan los centros cerebrales, que nos abren a nuevas posibilidades».

David Peat resalta que «debajo de las apariencias cotidianas de la materia, nivel en el que el científico actúa como un observador imparcial, se encuentran procesos cuánticos a los que el observador y lo observado están vinculados íntimamente». Porque allí donde la mente se detiene a pensar de manera *sincrónica* transforma la realidad. Según Wigner, «la mente actúa en el nivel cuántico para derrumbar la función de onda del sistema y convertirlo en un estado bien definido». Hablamos de crear una nueva realidad mediante la vinculación de la mente y la materia, forzando lo que la física denomina colapso cuántico, cambiándolo todo. ¿Realidad o ficción? Tal vez las fronteras ya no estén tan delimitadas como suponíamos. Como decía Marie-Louise von Franz, «quizá la suerte sea, en último término, una construcción mental».

El poder de elegir

¿Podríamos programar nuestro cerebro mediante la conciencia para que la mente influya en la realidad que nos conviene materializar y elimine todo aquello que no deseamos? De ser así, ¿todos tenemos dicha capacidad? ¿Cualquier cerebro de cualquier persona puede obrar de la misma forma y con similar intensidad? Según Frank Tipler, todo ser humano utiliza la incertidumbre cuántica para generar aleatoriedad, rompiendo así el determinismo físico que llamamos *realidad*. La conclusión es que toda persona disfruta de libre albedrío, que cada uno vive la realidad que materializa su conciencia de acuerdo con las elecciones (conscientes o subconscientes). La clave radica en elegir lo correcto y de manera voluntaria.

En teoría, la decisión (elección) influye en la «función de onda» (probabilidades en potencia), la decisión genera un *colapso cuántico* y en ese momento materializamos una de las *realidades* posibles y en potencia. Esto puede ocurrir de manera consciente o subconsciente, puesto que las personas también elegimos con el pensamiento y la intención. La mayor parte del tiempo estamos haciendo elecciones subconscientes sin que lo hayamos decidido antes.

Libet demostró en 1983 que «el cerebro de una persona decide actuar antes de que la persona sea consciente de que ha decidido actuar; es decir, el cerebro toma la decisión y a continuación informa al individuo sobre la decisión tomada. Aquél (erróneamente) cree que ha sido él quien ha realizado la decisión». Por su parte, Wolf Singer, director del Instituto Max Plank de Neurología y Psicología Cognitiva de Leipzig, afirma: «El cerebro sabe qué variables nos resultan útiles para la supervivencia y las selecciona en milésimas de segundo».

Por lo visto, no percibimos las elecciones que realizamos a lo largo del día porque nuestro índice o factor de procesamiento cuántico trabaja por debajo del nivel de la consciencia. Sin embargo, lo malo es que toda esa suma de pensamientos no conscientes puede acabar generando una realidad no deseada, debido al flujo desordenado y a veces incoherente, e incluso contradictorio.

Reprogramar el cerebro

Tal como sucede con un ordenador, para *reprogramar* el cerebro debemos desactivar antes los antiguos programas que terminan siempre activándose como automatismos de la conciencia. Estos programas mentales nos condenan a un determinismo limitador y también nos fuerzan a tomar siempre las mismas decisiones, creando un círculo vicioso acción-reacción del que no logramos escapar al no ser conscientes. Ante la presión de las circunstancias, en lugar de permitir que la conciencia tome el control generando una respuesta conveniente, conectando con el Inconsciente Colectivo, el cerebro automatizado activa los programas mentales de siempre (llamados *caminos neuronales*), como indica Libet, determinando la elección. Y así no actuamos con verdadero libre albedrío.

La conciencia está muy mediatizada por el carácter y la personalidad, por eso el cambio puede ser más fácil para unos que para otros. En la Grecia clásica, el carácter determinaba el destino (según Heráclito), y el destino de cada cual es una mezcla de azar y elección ante la necesidad. ANÂΓKH es la palabra en griego. Se pronuncia *ananké* y significa lo ineludible, la predestinación. Para la mitología griega, el *fatum*, es decir, el destino, puede modificarse con la voluntad.

Para Carl Jung, la realidad material puede cambiarse creando una realidad paralela y voluntaria mediante la conciencia, para lo cual desarrolló la Imaginación Activa, un proceso mental muy poco difundido, enmascarado entre una densa hojarasca de conceptos alquímicos por la doctora Von-Franz. Al parecer, la Imaginación Activa podría suscitar imágenes tan verosímiles (probabilidades cuánticas en potencia) que la mente las tomaría como *reales*, materializándolas.

A cada momento, la conciencia crea una imagen de la realidad exterior a través de los fotones que penetran por medio del ojo y el sistema neuronal directo hacia nuestro cerebro. El fotón es una onda, que la conciencia materializa como real. En teoría, para crear una realidad diferente bastaría con canalizar lo imaginado. Crear de manera voluntaria una imagen e introducirla en el cerebro para que la procese y provoque un colapso cuántico. De hecho, según Jung, la Imaginación Activa genera una imagen holística y virtual, una onda de probabilidad, creada voluntariamente. Es real, pero no material.

Convertir lo imaginado en real

¿Existe para el ser humano la posibilidad de convertir lo imaginado en realidad? Existe, y lo demuestra cada día con los actos de creación que denominamos arte, como la pintura, la música, la literatura y también la ingeniería, pues todo lo que una persona pueda imaginar terminará llevándolo a cabo antes o después. ¿Dónde radica semejante poder? En esa parte de la conciencia y el sistema nervioso central que Frank Tipler denomina Generador de Aleatoriedad.

Tengamos en cuenta que aleatoriedad provine de *alea*, que significa «suerte». Así que podemos decir que Aleatoriedad significa «suerte personalizada de antemano gracias a la gestión voluntaria de la conciencia». Para Tipler, «el sistema nervioso humano puede emplear las fluctuaciones cuánticas para generar Aleatoriedad en un soporte físico destinado a ello». Y añade: «Tanto el Generador de Aleatoriedad como los niveles deterministas [los *programas* mentales] interactúan muchas veces por segundo y se influyen mutuamente en cada interacción. La decisión final es el resultado de la integración de todas estas interacciones. Se trata del *yo tomo esta decisión*. De hecho, el Yo se sostiene a lo largo del tiempo a causa de la acción constante de los diferentes niveles, incluido el Generador de Aleatoriedad. La personalidad humana es la unión de todos estos niveles».

Respecto a la conciencia, es necesario subrayar que para los budistas existen varios niveles. La más alta de todas se denominada *Hishiryo*, término sánscrito que significa «conciencia absoluta», precisamente la misma que se manifiesta durante la práctica zen, las artes marciales y otras técnicas meditativas, como la sofrología o el trance autoinducido. La Imaginación Activa se configura como un programa nuevo en estos niveles tan altos o profundos de la conciencia.

Imaginación o Pensamiento

Para materializar la realidad imaginada necesitamos entrar en un estado de conciencia muy elevado, con el cual nuestro cerebro influya en el resto del sistema nervioso. Dicho nivel sólo se logra cuando el cerebro genera ondas Theta o Gamma. Lo imaginado en un *estado cuántico* muy particular y difícil de conseguir (la mente vigilante y el cuerpo relajado) puede materializarse al excitar al Generador de Aleatoriedad radicado entre la conciencia y el sistema nervioso.

Antes de proseguir, repasemos los distintos tipos de onda con los que trabaja el cerebro según el momento del día y su actividad correspondiente. El cerebro está siempre funcionando alimentado por electricidad. Ese funcionamiento genera diversos tipos de onda, según lo que se halle procesando.

Beta: su frecuencia oscila entre los 15 y 40 ciclos por segundo; son amplias y rápidas. Aparecen cuando la persona está despierta y prestando atención al mundo que le rodea.

Alfa: su frecuencia oscila entre 9 y 14 ciclos por segundo; son amplias y más lentas que las Beta. Surgen cuando la persona está relajada y quieta, pero todavía en vigilia y prestando atención al entorno. La mente trabaja en otro nivel más profundo. El aprendizaje se acelera y se potencian cualidades como la intuición y la creatividad. Es un estado que puede utilizarse para fomentar la visualización creativa y reprogramar algunos hábitos subconscientes.

Theta: muy amplias y lentas, con una frecuencia vibratoria entre 5 y 8 ciclos por segundo. El cerebro las emite cuando la persona entra en una fase de relajación profunda, generalmente poco antes de caer en el sueño. En Theta se incrementan las facultades para la visualización y la ensoñación. La conciencia se mantiene activa, aunque con cierta dificultad, ya que puede vencerla el sueño.

Delta: las más amplias y las más lentas, con una frecuencia vibratoria de entre 0,1 y 4 ciclos por segundo. Surgen cuando la persona duerme con mayor profundidad. Las ondas Delta son imprescindibles para el descanso y la regeneración física.

Gamma: muy rápidas, coherentes y de altísima frecuencia, y oscilan entre 40 y 100 ciclos por segundo. Corresponden a estados muy elevados de la conciencia, poco comunes. Gran actividad cerebral, vinculación máxima entre consciente y subconsciente, lucidez e intuición. La conciencia trabaja al máximo nivel de intensidad. Las ondas Gamma se producen durante cortos períodos, aunque las personas entrenadas pueden prolongar su duración, mediante métodos tales como el zen o la Sofrología.

Cuando una persona entra en una fase de relajación profunda y alta focalización mental, entra en lo que denominamos meditación. El cerebro emite ondas Gamma, cuya vibración trasciende más allá del propio cerebro, materializando el pensamiento mediante lo que la física nuclear llama *colapso cuántico*. Dicho de un modo más gráfico: la mente puede alterar lo que conocemos como realidad material. De hecho, ante las ondas Gamma, mente y materia son lo mismo. Para que nuestro cerebro pueda funcionar a nivel cuántico debe generar ondas Theta, o mejor todavía, Gamma, lo cual es bastante complicado y exige una buena dosis de disciplina y voluntad, que no todos parecen dispuestos a desplegar.

Energía necesaria

¿Cuánta energía necesita el cerebro para generar ondas Gamma de manera suficientemente intensa y prolongada como para producir un colapso cuántico en lo imaginado? Veamos un ejemplo. La retina del sapo es tan sensible que basta un solo fotón para suscitar la reacción del sistema nervioso tras haber sido procesada la imagen correspondiente (una mosca) por parte de su cerebro. Sin embargo, el ojo humano necesita como mínimo siete fotones para que nuestro cerebro se forje una imagen de la suficiente intensidad como para excitar al sistema nervioso y hacer que reaccione al cuerpo, incluso sin que medie la elección de la conciencia.

Esto hace que el sapo actúe con mayor rapidez ante una situación de riesgo o de incentivo (alimento). Antes de que *piense* en capturar a la mosca ya ha disparado la lengua, impulsado por el sistema nervioso, que puede actuar de manera independiente a la conciencia, suponiendo que los animales también posean algún tipo de conciencia rudimentaria. El entrenamiento en las artes marciales, todas ellas derivadas de la meditación zen, pretende que la persona actúe sin el intermedio de la conciencia, evitando los mensajes que genera el cerebro al recibir la imagen de cansancio, peligro, incentivo, etcétera.

Según el neurofisiólogo John Eccles, galardonado con el premio Nobel, las fluctuaciones cuánticas, es decir, la posibilidad de materializar la imagen (onda de probabilidad) creada por el cerebro por mandato de la conciencia, radican en el sistema neuronal, en concreto en las agrupaciones de dendritas apicales de las células piramidales. Pues bien, contestando a la pregunta de cuánta potencia necesita el cerebro humano para que, como el sapo, un fotón excite a nuestro sistema nervioso generando una respuesta más rápida que incluso el propio pensamiento, la cantidad de potencia es un incremento súbito del 10^{20}.

Potencia y velocidad

Y con este dato surge una nueva pregunta: ¿tiene nuestro cerebro semejante potencia de procesado? Para servirnos del ejemplo, consideremos al cerebro un ordenador sujeto a los límites de capacidad y velocidad. En cuanto a capacidad, nuestro cerebro agrupa una cantidad de 10^{10} neuronas, cada una de las cuales tiene 10^{5} conexiones con otras. Cada conexión codifica un bit. Entre el cerebro cortical y el cerebelo podemos alcanzar una potencia límite de 10^{15} bits.

En cuanto a velocidad, entre un 1 y un 10 % de las neuronas disponibles están funcionando a cada instante, de ahí el conocido y falaz argumento de que no utilizamos más que un 10 % de nuestra capacidad cerebral. Cuando digo cada *instante* me refiero a cien veces por segundo.

Si cada funcionamiento equivale a un flops,[2] la estimación más baja sería de 10 gigaflots. Si cada sinapsis o conexión neuronal equivale a un flops en cada funcionamiento, la cuota superior de velocidad cerebral es de 10 teraflops, teniendo en cuenta que un teraflops equivale a un millón de flops. Así que, según Jacob Schwartz, harían falta 100.000 teraflops para simular el comportamiento de la velocidad cerebral, cantidad que coincide también con la expuesta por el experto en ordenadores Hans Moravec.

Para que nos hagamos una idea, veamos la potencia de un megaordenador de tamaño medio, como es el *Mare-Nostrum-3*, instalado en la Universidad Politécnica de Cataluña (Barcelona), convertida en sede del Centro Nacional de Supercomputación (CNS). El *Mare-Nostrum-3*,

2. La velocidad de procesamiento de información se mide en unidades flops o *floating point operations per second*.

fabricado por IBM en Estados Unidos, es el más potente de Europa (en Japón hay uno superior), con 6.000 chips Intel de 2,6 GHz y un pentaflops (1.000 billones de operaciones por segundo).

De tal modo, ¿cuánta energía es necesaria para que nuestro cerebro genere un colapso cuántico y pasar de lo imaginario a lo real? Según Tipler, para ello deberían codificarse todos los estados cuánticos posibles. Porque no podemos elegir de verdad si no lo hacemos ante todo el conjunto de la realidad. Pero la estimación de Tipler es de al menos 10^{3x1045} estados cuánticos diferentes. Tal cantidad es materialmente imposible de codificar para el cerebro humano, lo cual parece que nos ancla de nuevo en el determinismo y los vaivenes del azar.

Sin embargo, en 1989, Roger Penrose descubrió que el sistema nervioso puede producir un salto cuántico utilizando las fluctuaciones de vacío, los espacios que hay entre las partículas, según el Principio de Exclusión descubierto por Wolfgang Pauli. Dicho de un modo más comprensible: no tenemos por qué limitarnos a la potencia de nuestro cerebro, ya que podemos recurrir a la enorme potencia del Inconsciente Colectivo, tal como sugería Carl Jung, la *suma cerebral* de todas las personas que han vivido a lo largo de la historia (cerca de 20 billones) mediante la conexión mente-materia que Jung y Pauli denominaron Sincronicidad.

Tercera parte

¿Qué son y cómo nos influyen los Arquetipos?

El Arquetipo es el personaje que cada uno adopta para jugar al juego de rol de la vida. Como en todo argumento (novela, cine, teatro...), la trama está en función del papel que asume cada participante. La diferencia con la narrativa literaria, cinematográfica o teatral es que la trama de un juego de rol es cambiante, no está predeterminada por el autor de la obra. Un juego de rol, como la vida misma, modifica su argumento según la puntuación del dado, que se arroja en los momentos cruciales para que sea el azar quien actúe como factor de avance o retroceso, lo mismo que ocurre con el juego de la oca.

Los juegos basados en el azar y los Arquetipos han llegado hasta nuestros días en forma de oráculos, como es el caso de la oca o el Tarot. En el juego de la oca, el azar lo imponen los dados; en el juego del Tarot, al barajar los naipes. En el juego de la oca, es la ficha con la que juegas la que distingue al Arquetipo elegido. El Tarot es mucho más completo y evolucionado, ya que sus 22 Arcanos Mayores, las figuras principales de la baraja, son la representación gráfica de todos los Arquetipos que puede adoptar un ser humano, tal como dedujo Carl Jung. Cuando en el juego de rol adoptas o te toca en suerte un Arquetipo, el personaje que representa dentro de la trama te conduce a obrar según sus características, positivas o negativas, de modo que para cada participante o jugador, el resultado del juego está en función del azar y el Arquetipo.

En términos científicos, el Arquetipo es el núcleo ancestral de la personalidad proyectado al exterior desde la mente subconsciente, donde se configuran y se disuelven según la presión de las circunstancias y la influencia de las personas con las cuales te relacionas. En el juego de rol de la vida, todos jugamos con un Arquetipo determinado, aunque no seamos conscientes. El efecto del Arquetipo es subconsciente, pero con el entrenamiento adecuado puede tornarse consciente. A lo largo de la vida evolucionamos gracias al cambio de Arquetipo, algunos con mayor eficacia y rapidez que otros. Pero con suficiente preparación, dicha evolución puede tornarse consciente.

Nadie puede cambiar las circunstancias (el azar), todos hemos de asumirlas y afrontarlas a medida que vayan llegando. Pero si el resultado de afrontar dichas circunstancias con un Arquetipo determinado no te satisface, puedes cambiarlo, adoptar otro distinto. Gracias al cambio consciente de Arquetipo, puedes adoptar características personales que te transformen desde dentro en el rol que deseas adoptar. Un Arquetipo equivocado, caduco, que no ha sido renovado al ritmo de la evolución propuesta por la vida para poder adaptarte a las nuevas circunstancias, puede repercutir de una manera muy negativa en tu existencia, tanto en la personal como en la profesional, tanto en la individual como en la colectiva, lastrando con ello tu futuro.

Para Richard Wilhelm Reich, el experto orientalista que fue amigo de Carl Jung, el Arquetipo funciona como una armadura, con la cual te proteges del daño psicológico y emocional que pueda provenir del exterior. Por miedo a lo azaroso e impredecible de las circunstancias y a la influencia de las demás personas en tu vida, adoptas un determinado Arquetipo, a modo defensivo. Lo malo es que luego, cuando el Arquetipo asumido como defensa ya no sea necesario, puedes olvidar cambiarlo por otro mucho más conveniente para el progreso personal y en sociedad. La armadura corre peligro de oxidarse y el Arquetipo destinado a la protección se convierte así en tu enemigo interior, en tu prisión. De ahí la enorme utilidad de cambiar de Arquetipo, antes de que puedas quedar atrapado y poseído por él.

Al cambiar de Arquetipo, ejerces una influencia consciente, pero invisible, subliminal, sobre tu entorno inmediato, porque no tienes que utilizar ningún argumento para convencer, nada externo ni artificial. El Arquetipo no es una máscara ficticia, sino que adoptas las características que representa, cambiando tu modo de intervenir y comportarte ante las circunstancias y las personas. El rol adoptado es real, pues ya lo dijo Lacan: definimos como real todo aquello que no sabemos definir, lo simbólico, y el Arquetipo es un símbolo ancestral.

Cambiar de Arquetipo es un proceso creativo en el que la imaginación juega un papel fundamental. Pero no cualquier tipo de imaginación, sino aquella que Jung definió como Imaginación Activa. La psico-técnica para el cambio de Arquetipo es muy similar a un juego de rol en vivo y en directo. De manera consciente y voluntaria, asumes el papel con el que intervendrás en el juego. A partir de ahí actúas de acuerdo con las características psicológicas del rol (Arquetipo) elegido. El personaje se transforma en una nueva persona en relación a los hechos, circunstancias y demás roles implicados. Porque al contrario de lo que piensa la mayoría, la personalidad es dúctil, cambia para facilitar su adaptación al nuevo contexto y marco de referencia determinado por el azar.

Arquetipos y Sincronicidad

Veamos ahora cómo cambiar el rol de forma voluntaria para crear uno nuevo y virtual para jugar con ventaja en el Juego de la Vida. Hablo de crear un personaje de ti mismo (Avatar) que sea la suma de todos aquellos Arquetipos más adecuados para conseguir lo que sueñas. Esta creación se realiza mediante una psico-técnica que te permite asimilar de manera consciente las características positivas de los Arquetipos elegidos, desterrando las negativas. Dicha psico-técnica es la Imaginación Activa, desarrollada por Jung para que cada persona pueda elegir de modo consciente su mejor papel en el juego de rol de la vida, sincronizando así con todas las cualidades y facultades que requiera. Jung dedujo que no es posible sincronizar con el Inconsciente Colectivo sin adoptar un Arquetipo, como no es posible participar en un argumento sin adoptar un personaje.

La imaginación activa es vivir de acuerdo con las características (cualidades o defectos) del Arquetipo asumido, ya sea de forma voluntaria o sin saber con qué rol estás jugando al Juego de la Vida, lo cual puede acarrearte problemas. Cuando asumes un Arquetipo y vives desde su influencia, te conviertes en una persona distinta, eres una proyección de dichas características.

La vida es mucho más compleja y azarosa que un juego de rol; no basta con pensar en el tipo de persona que te gustaría ser y con eso ya es bastante. Pensar en cómo te gustaría ser no te convertirá en ese tipo de persona. Eso ya lo hace casi todo el mundo y no consigue ningún resultado. Asumir el Arquetipo es adoptar la forma de vida que deriva de sus características, como un actor asume su papel para representar el rol del personaje al que debe otorgar vida propia en el escenario o ante las cámaras.

Casi nadie quiere ser un actor, porque parece artificioso, y todo el mundo desea ser auténtico. Pero la mejor forma de asimilar un Arquetipo es mediante la psico-técnica propia de los actores para poder adoptar un rol. De hecho, Carl Jung obtuvo la metodología para forjar y adoptar los Arquetipos del método Stanislavsky, creado en el siglo XIX por el director de teatro ruso Konstantin Stanislavsky para facilitar a los actores un sistema que les permitiese asumir las peculiaridades completas de un personaje.

Para realizar una buena representación ante las cámaras o en escena no basta con aprender el guion de la obra y recitarlo de memoria con más o menos convicción. Eso es lo que hacen los actores mediocres. Un buen actor se deja invadir por el rol que debe representar, aparta su ego y asume las nuevas características personales del personaje a quien debe otorgar vida propia. Por eso Jung consideró el método Stanislavsky el mejor modo para cambiar de Arquetipo y asumir el que cada uno requiera.

Gran parte de lo que conseguimos en la vida está en relación directa con cómo se considera cada uno y cómo le ven los demás. Por eso, al adoptar características personales diferentes, la vida responde con una reacción consecuente, de igual modo que cuando adoptas otro rol dentro del argumento de un juego, el resultado que obtienes al final es diferente.

Crear y sostener en activo el Arquetipo elegido requiere un esfuerzo, no basta con la simple comprensión del proceso. Dentro de tu mente han de generarse las características propias del nuevo rol hasta que formen parte integral de ti. Debes crear la mejor versión posible de ti mismo, proyectar el nuevo conjunto de cualidades a tu alrededor para que influyan sobre la realidad y la modifiquen.

Cambiar de Arquetipo te permite jugar con otras cartas de un modo más ventajoso. No tienes por qué resignarte a ser la versión limitada de ti mismo. Puedes crear un prototipo virtual que contenga la suma de todo cuanto imaginas como ideal; tu mejor Yo posible, imaginando desde ahora mismo que ya lo eres. Al actuar «como si» ya lo fueras, erradicarás todo cuanto no te ha dado resultado hasta la fecha y participarás de un modo más proactivo en la construcción del futuro que deseas. Para ello necesitas saber cómo funciona la Imaginación Activa.

La Imaginación Activa fue desarrollada por Carl Jung tras analizar con atención el sofisticado método psicotécnico de actuación actorial contenido en la obra *La construcción del personaje*, base del método Stanislavsky. No en vano, tanto Jung como Sigmund Freud estudiaron con sumo interés la técnica de interpretación desarrollada por Konstantin Stanislavsky para que los estudiantes de teatro adoptasen con absoluto realismo y verosimilitud cualquier papel que deseasen escenificar, bajando el volumen del Yo para poder adoptar las características del personaje al que debían otorgar vida como si fuera un ente real.

Es interesante que Stanislavsky denominase al rol personificado por un actor de teatro con el término *Sí Mágico*, igual que si hablara de una *persona* distinta (virtual), creada desde la conciencia proyectando la imaginación. Para el director ruso, el Sí Mágico era mucho más que una simple caracterización. El actor tenía que interiorizar al personaje, de manera que tomara posesión de sí mismo, que lo instalara dentro (en el ámbito del subconsciente), asumiendo todas sus características y matices. El Sí Mágico de Konstantin Stanislavsky era lo que Carl Jung denominaba Arquetipo. Y al mencionado efecto de proyección desde la conciencia, Jung lo calificó como Imaginación Activa.

El método Stanislavsky muestra cómo desactivar los arquetipos personales y adoptar los del papel (rol) requerido para interpretarlo sin distorsiones, aunque la psicotécnica empleada sea igual de válida para cambiar los Arquetipos anticuados alojados en el subconsciente y adoptar otros mucho más generativos. Por eso algunos consideran a Stanislavsky como al verdadero precursor de la Psicología Transpersonal.

Para desactivar tus Arquetipos y adoptar otros distintos (como si fueran programas informáticos), de acuerdo con las circunstancias y cualidades que tenga tu nuevo rol, debes interiorizar sus características y obrar en todo con los rasgos que lo identifican, dejarte poseer por el personaje que has creado y por su contexto. En otras palabras: tienes que dejar de ser *tú mismo* para ser el *otro*, una cuestión filosófica que ha generado múltiples enfoques en el mundo de la literatura, tratado por autores como Goethe, Wilde, Kant o Kierkegaard.

Esta explicación resulta inquietante para muchos, ya que casi nadie quiere asumir que todos representamos un papel dentro de este colosal escenario que es el mundo, como ya dijo en su momento William Shakespeare. Pero queramos o no, cualquiera de nosotros *actúa* o interviene, con más o menos intención, dentro de un guion establecido por la complejidad de variables y circunstancias (el azar), junto a la influencia de las personas que se mueven a nuestro alrededor, cada una también influida por su propio interés o circunstancias particulares, y según el momento y la ocasión.

Por ello, dedujo Jung, el ser humano recurre y adopta los Arquetipos asociados desde hace milenios al Inconsciente Colectivo, ya que nadie puede quedar fuera del guion, como si no interviniera en la obra. La representación está en marcha y te obliga, lo quieras o no, a intervenir, a representar tu papel, voluntaria o involuntariamente, pues en el momento en que uno entabla relación con otros, que asume un contexto en el que habita, ya está interpretando un Arquetipo en concreto, más o menos positivo. En la vida, como juego de rol, gana quien adopta el Arquetipo más conveniente orientado hacia su destino personal pero en beneficio colectivo, porque no se puede ganar sin ayuda.

Estoy seguro de que ante todo lo expuesto muchos pensarán: pero es que yo no quiero ser un actor, yo quiero ser una persona, un ser humano auténtico, de la mejor manera posible. Sin embargo, debemos precisar que el término *actor* procede de acción, de actuar (de un modo u otro) ante las circunstancias y las personas, que influyen en ti aunque no quieras. Y ese papel, también de un modo u otro, es la característica del Arquetipo que asumes para re-presentar tu identidad frente a los demás. Tú máscara particular en el argumento que te toca intervenir, actuar. Porque, y en eso estamos todos de acuerdo, nadie quiere parecerse a otro. Por eso, con el paso del tiempo, vamos adoptando una personalidad particular.

De hecho, el Arquetipo puede compararse a una máscara en el baile de disfraces que significa la vida en sociedad. No en vano, la raíz original de *persona* es máscara. En realidad, *persona* proviene del uso al designar el antifaz que los griegos utilizaban para el teatro: *per-sona*, es decir, *a través del sonido*. Dicho de otro modo: la máscara servía como vehículo para proyectar más lejos la voz, es decir, todo lo que sale del interior humano. De ahí que la pareja de máscaras (una sonriente y la otra triste) fuesen adoptadas como el símbolo del teatro, la comedia y la tragedia. La máscara simboliza en psicología la necesidad de mantener eso que conocemos con el nombre de *personalidad*, el velo de las apariencias en sociedad; en resumen, ese tipo de *persona* idealizada, pero ficticia, que deseamos ofrecer ante los demás.

La pretensión de no llevar ninguna máscara (de ser *auténtico*) es una ingenuidad pueril. Todos adoptamos el rol que mejor nos identifica para mostrárselo a los demás. La única forma de no adoptar ninguno sería vivir en una isla desierta. Y entonces la persona enloquece al no tener contacto con semejantes, tal y como nos muestra el mito literario de Robinson Crusoe.

Puede que todo ello lo comprendas mejor con una frase del escritor británico John Fowles: «¿Piensas que un personaje tiene que ser forzosamente real o imaginario? Si alguien lo cree así no puedo menos que sonreír. Ni siquiera vuestro propio pasado os parece totalmente real; vosotros lo disfrazáis, dorándolo o pintándolo de negro, pasándolo por la censura o echándole remiendos... lo noveláis, en una palabra. Todos huimos de la realidad real».

Influencia del Arquetipo

Existen doce Arquetipos primordiales que han evolucionado ancestralmente desde los doce signos del zodíaco y con las características combinadas entre los 22 Arcanos Mayores del Tarot, creado en el Milán del Renacimiento por Leonardo da Vinci, que se basó en la cosmología y la religión, los 12 planetas del Sistema Solar, con el Sol en el centro, y los 12 apóstoles con Cristo en el centro.

La persona con un Arquetipo Primordial en estado puro no existe, a no ser que hablemos del propio Cristo, según manifestó Jung. Los Arquetipos se mezclan entre sí formando nuevos más o menos definidos, aunque no todas las mezclas pueden ser igual de adecuadas. En esto sucede como con los colores. El profesional de la pintura sabe que la fusión del amarillo con el azul produce un tercer color: el verde. La mezcla del rojo y el azul produce violeta, etcétera. Pero el verde y el rojo producen un tercer color sucio y desagradable.

Para instalar un Arquetipo diferente al que ahora mismo llevas, te servirá como ejemplo el mundo de la informática. El Arquetipo funciona en tu mente subconsciente como el sistema operativo de un ordenador. El Arquetipo es el principio rector de todo el sistema. Pero el sistema operativo, por sí mimo, no sirve de mucho sin los correspondientes programas, como el procesador de textos o el visualizador de imágenes.

Con el ejemplo de los programas me refiero a los matices que configuran una determinada mezcla de Arquetipos. Para que funcione bien, para conseguir lo que proyectas hacia el Inconsciente Colectivo mediante la Imaginación Activa, dicha mezcla debe configurar un Arquetipo de características bien limpias y definidas, no una entidad (rol) turbia ni borrosa, porque los errores en la configuración del Arquetipo pueden atraer situaciones y contextos poco adecuados.

En realidad, el Arquetipo no atrae nada, sino que configura el campo de acción o campo cuántico en el que intervendrá cuando esté activo. El Arquetipo es un *programa* necesario para intervenir mejor en el juego del rol de la vida, una más de las fichas en juego. Tú quieres ganar, conseguir lo que imaginas y lo que sueñas. Pues bien, el hecho de ganar en el Juego de la Vida está en función de dos circunstancias básicas, el azar del dado y el color (las cualidades) de la ficha con el que has decidido jugar, de manera semejante a lo que ocurre con el juego de la oca.

Si con ese color de ficha no logras lo que deseas, puedes cambiar la ficha por otra y continuar jugando, pues el azar incide en las características de los Arquetipos adoptados, lo mismo que la suerte de los dados que manejas para el juego de la oca están en función del color de la ficha que has elegido antes de comenzar, según se ha demostrado mediante un curioso experimento estadístico desarrollado en el ámbito empresarial. En otras palabras: la suerte incide en la posición personal (rol) que adoptas respecto al contexto.

El cambio de Arquetipo es, por lo común, automático, y se produce según la evolución de cada ser humano en su relación con el contexto del juego, las circunstancias (el azar) y las personas que te rodean (las fichas). A lo largo de su vida, toda persona evoluciona de manera natural, ascendiendo por la escala de los Arquetipos. El cambio de un Arquetipo a otro siempre produce cierta convulsión, por eso cuando dos personas, aunque formen pareja, evolucionan según sus circunstancias personales, de un modo diferente, una más rápido que la otra, se produce una fricción inevitable, porque los Arquetipos ajenos por los que se sintieron atraídos al principio han cambiado, ya no son los mismos.

Ocurre también como en el juego de la oca: la persona cuya ficha gana la partida lo hace al ir evolucionando de Arquetipo (de oca a oca) gracias a la suerte (dictada por el azar al arrojar los dados). La persona con peor suerte queda estancada entre casillas que frenan su avance, cuyo simbolismo ofrece una lección de cómo salir de allí adoptando un modo diferente de pensar. La buena noticia es que al cambiar de manera voluntaria de Arquetipo, mediante lo que Carl Jung denominó Imaginación Activa, todas las fuerzas ocultas del azar (recuerda el GPS cuántico o Generador de Aleatoriedad del que habla el físico Frank Tipler) conspiran juntas para brindarte una salida, el mejor camino posible hacia la meta.

La vertiente negativa de un Arquetipo es lo que Freud y Jung denominaron complejo. La suma de Arquetipos y Complejos constituye una tensión poco adecuada para el Juego de la Vida; es una lucha de opuestos y divergencias. Por eso, cuando evolucionas de Arquetipo, las personas a tu alrededor que continúan estancadas en el suyo perciben como amenaza dicha evolución y no les gusta. Te culpan de que has *cambiado*, como si el cambio no fuese precisamente lo deseable y conveniente para llegar juntos a la casilla final. Ante tal presión, algunas personas optan por reprimir su evolución, lo cual es un error.

Rechazar el Arquetipo que te imponen las circunstancias y el contexto para obtener lo que deseas de la vida es muy nocivo y doloroso. Una vez que tu nuevo Arquetipo toma posesión de tu mente, e incluso de tu alma, ya no puedes verlo todo como antes; el propio contexto cambia para ti. La represión del Arquetipo evolucionado es una experiencia nefasta, dolorosa y destructiva.

Si niegas la nueva realidad, si niegas los mensajes enviados por el Inconsciente Colectivo mediante la Sincronicidad, si rechazas las nuevas circunstancias y las nuevas personas llegan atraídas por tu nueva luz, dicha luz acabará muriendo y tú caerás en la dinámica mucho más común de lo que parece hoy en día: negar la felicidad con pretextos que no son sino las inercias de los viejos patrones de conducta (roles o Arquetipos), asumidos durante largo tiempo.

El Arquetipo es necesario para poder alcanzar tu Destino, el Destino con mayúsculas que significa todo aquello con lo que sueñas y te parece imposible mientras no instalas dentro de ti el Arquetipo apropiado para conseguirlo. Ya lo advirtió Carl Jung: «Cuando no se toma conciencia de una situación interna, ésta sucede fuera como destino».

Cómo cambiar de Arquetipo

El primer paso para instalar el nuevo Arquetipo es desinstalar el anterior, el viejo, el anticuado, porque ocurre también lo mismo que con el paradigma de la informática citado anteriormente. Por ejemplo: cuando quieres instalar un nuevo programa antivirus, el sistema operativo te pide de manera obligatoria que desinstales el que ahora mismo tienes en funcionamiento, ya que de lo contrario producirá graves errores que pueden dañar el propio sistema operativo.

Muchas personas no cambian porque se ha «posesionado» de ellas un Arquetipo en particular que rige cualquier decisión, incluida la de no cambiar de Arquetipo. Esta posesión es comparable a ciertos programas informáticos que se apropian del sistema operativo y que impiden que el ordenador pueda ofrecer toda su potencia y despliegue.

Al cambiar de Arquetipo, todo sufre una convulsión. Esto se debe al efecto invisible de la Sincronicidad que se halla en contacto con el Inconsciente Colectivo, ya que tu mente subconsciente conecta con posibilidades que hasta ese momento ni siquiera creía posibles. Cuando desinstalas el Arquetipo antiguo e instalas el nuevo, la Sincronicidad te vincula con un océano de nuevas posibilidades. Comenzarás a experimentar la sensación de que llegan a tu existencia (tu contexto en el Juego de la Vida) justo las personas o situaciones que deseas, que todo fluye de manera *casual* hacia lo que habías imaginado como ideal.

Puedes influir en las fuerzas ciegas de la entropía, puedes modificar tu suerte, la tirada de los dados para que tu ficha en particular experimente un avance positivo en el juego de la oca, que le lleve al mismo nivel de la ficha que deseas, y avanzar juntos hacia la meta final, tu destino particular y colectivo. Al cambiar tú mismo, cambias todo lo que te rodea. Cuando cambia lo que te rodea, cambias en consonancia. He ahí la clave del libre albedrío, pues al aceptar, o mejor dicho, al tomar la iniciativa cambiando voluntaria y conscientemente de arquetipo, te adelantas a la predestinación impuesta por el azar.

La Imaginación Activa es muy adecuada para restituir la conexión escindida entre mente subconsciente y mente consciente. Debes comenzar por crear las circunstancias, el contexto adecuado, el guion de la obra que deseas protagonizar con el rol o personaje (Arquetipo) elegido. Cuando hayas asumido el nuevo Arquetipo, debes ir probando poco a poco el resultado que obtienes al aplicarlo, e ir perfilando sus matices, añadiendo nuevos *programas* y quitando los que no te hayan dado el resultado que deseabas. Esto lleva su tiempo y has de actuar con paciencia. No basta con adoptar un rol, hay que actuar, aprender bien el papel, integrarse en el argumento, hasta que funcione de manera natural, hasta que cobre vida propia por medio de tu conciencia y se convierta en algo real. Obrando así, el Arquetipo te guiará desde tu interior y transformará por Sincronicidad todo tu exterior, obrando de manera natural y subconsciente.

Tal vez esto es lo que quiso decir el escritor alemán Herman Hesse (premio Nobel de literatura y buen amigo Carl Jung), cuando escribió en una de sus obras menos conocidas, *El viaje a Oriente*, que «los personajes de la ficción son más vivos y más reales que sus propios creadores». O, como dijo Montaigne, «deberíamos vivir la vida como la de un personaje ficticio».

Avatar: tu otro yo virtual

Hemos llegado a la parte práctica del libro. Veamos cómo crear una imagen virtual de nosotros mismos para poder cruzar los umbrales del Espejo Mágico que comentábamos al principio y transformar la realidad material que nos rodea. En primer lugar, es importante dejar claro que la realidad es un efecto creado por la conciencia para poder situarnos en el mundo (espacio y tiempo). Para el cerebro que funciona sin conciencia, como si fuera una máquina (una computadora muy rápida y capaz, pero sin criterio propio), la realidad no es algo material, sino tan sólo información.

Al principio del libro decía que los *programas mentales* son los Arquetipos, y que pueden cambiarse si no proporcionan el resultado que se desea. El Arquetipo es una manera particular de comportarse ante las circunstancias del mundo que nos rodea, incluidas las demás personas. El Arquetipo es necesario para vincular a la mente con el exterior, como un puente psicológico y virtual entre nuestro cerebro y la materia o realidad que le rodea. Sin el Arquetipo, el cerebro humano carecería de mente, no sería más que un potente ordenador.

Antes de proseguir, expliquemos toda esta noción mediante una metáfora cibernética. Si consideramos al cerebro como un ordenador, la mente sería su sistema operativo y los Arquetipos los múltiples programas que permiten que el sistema operativo funcione en contacto con la realidad, interactuando con los demás ordenadores (personas). Podríamos considerar cerebro y mente como el hardware y a los distintos Arquetipos como el software.

Continuando con la metáfora, el módem que conecta cada cerebro con Internet está radicado en la parte subconsciente de la mente. Y en este sentido podemos imaginar al Inconsciente Colectivo como si fuera la Nube, un inmenso espacio virtual donde todo tiene cabida. La comunicación digital entre ordenadores, muy semejante a la conexión wi-fi que los vincula mediante Internet, es lo que Carl Jung denominó Sincronicidad. Por eso, el pensamiento sincrónico sirve para conectar con el consciente Colectivo.

Ahora que ya disponemos de una metáfora útil para comprender el paradigma, continuemos. La mente produce distintos resultados y consecuencias dependiendo del Arquetipo asumido, voluntariamente o no, por cada persona. Por eso no hay dos personas iguales ni nadie obtiene lo mismo que otro, incluso aunque las condiciones parezcan iguales. Si se cambia el Arquetipo, también lo hace el resultado.

La única forma de cambiar el Arquetipo, instalado como un programa informático en la mente subconsciente, es mediante la intención premeditada de la conciencia. Para incrementar este factor decisorio de la conciencia es necesario saber cómo concentrar la mente en lo que deseas, no consentir que se disperse. Para ello, necesitarás relajar el cuerpo al máximo, bajando el volumen de los pensamientos. Cuando relajas el cuerpo, la mente también se relaja y descansa de tanto pensar, permitiendo que tu conciencia pueda efectuar los cambios necesarios a nivel de su parte subconsciente.

Y en tal estado, tu cerebro genera un tipo de ondas electromagnéticas de muy alta vibración y coherencia (Theta o Gamma), que sirven para proyectar tu información genética o codificación molecular más allá de tu realidad presente y actual, pues ya hemos dicho que para el cerebro lo que la conciencia traduce como *realidad* tan sólo es información.

En estado de relajación y concentración, tu conciencia puede modular dicha onda vibratoria mediante lo que Jung denominó Imaginación Activa, lo cual te servirá para modelar una nueva realidad. Cuando abandones el estado de relajación y concentración, si has realizado bien todo el proceso, habrás incubado tu deseo en el Inconsciente Colectivo por medio de la imagen virtual de ti mismo, un *Otro Yo* (alter ego) diseñado desde tu conciencia. Cuanto mejor diseñado esté ese Otro Yo virtual (tu Avatar), mejor y más rápido funcionará para reconvertir a tu Yo presente y analógico.

El Cuerpo Místico que mencionan las Sagradas Escrituras cuando se referían a la presencia de Jesucristo resucitado era técnicamente un Avatar, como supone la física nuclear, una proyección cuántica de toda la información molecular de la persona convertida de materia en onda, en vibración al más alto nivel, emitida desde el Inconsciente Colectivo, llámale Cosmos, Tao, *Dharma* o Fuente Universal. Jesucristo resucita en el mundo material y analógico que habitamos porque procede de un plano de realidad distinto, situado más allá del tiempo y el espacio. Podríamos decir que se trata de una onda que ha llegado del futuro, cuando el Hombre se ha convertido ya en Dios. De hecho, en las Sagradas Escrituras se indica que Dios habita *en el futuro*, no en el presente.

Cuando Moisés asciende al monte Horeb para comunicarse con Dios, según relata el libro conocido como Éxodo, escucha una voz en medio de una zarza ardiendo que le dice: «Quita las sandalias de tus pies, pues el lugar donde pisas es tierra santa». Moisés le pregunta por su nombre y Dios le contesta: «Ehié asher ehié». La Biblia en latín lo ha traducido como «Yo Soy el que Soy», aunque si se traduce del hebreo, significa «Yo Soy el que Será», refiriéndose a que todavía no está entre nosotros, al menos no de un modo material.

A los seres humanos les corresponde materializar a Dios con la suma colectiva de todas las conciencias, pasadas y presentes, porque las personas fallecidas (su conciencia) forman parte integral del Inconsciente Colectivo. Dicho de otro modo, Dios es la Súper Conciencia Universal que los orientales describen como Tao. Y podemos conectar con esa Conciencia Superior para elevarnos de nuestra condición humana, tal y como hizo Jesucristo con su propio ejemplo.

Desmaterializar el cuerpo

Si, como hemos venido mencionando, la Ciencia denomina colapso cuántico cuando una onda se materializa, el efecto contrario también es posible: pasar de lo material a onda. Porque la Imaginación Activa funciona en ambas direcciones. Puede materializar lo que proyectas con tu conciencia o hacer que lo real (como tu propio cuerpo) se convierta en onda de probabilidad, con lo cual estarías en todas partes y en todo momento, incluso en el futuro, tal y como al parecer podían hacer algunos místicos, mediante un efecto denominado *bilocación*. Esto lo ha ilustrado de modo completamente gráfico el escritor e investigador Javier Sierra en su conocido libro *La dama azul*, donde narra el caso de una monja de siglo XVII, sor María Jesús de Ágreda, que sin moverse de su convento en Soria *viajó* al Nuevo Mundo para cristianizar a los indios de América.

El caso de *La dama azul* ha dejado al descubierto que la bilocación está siendo investigada en secreto por el Vaticano, analizándola en los laboratorios de la moderna física nuclear. Durante siglos, la mística y la parapsicología se han referido al *cuerpo astral* o *doble etérico*, a fenómenos como la levitación y la disociación, así como a la resurrección, fenómenos que ahora cobran sentido bajo las últimas investigaciones de la Física Cuántica sobre la desintegración molecular de objetos materiales y su traslado a distancia, para materializarlos después.

Atravesar el Espejo Mágico

Para traspasar el Espejo Mágico (cuántico), deberás desintegrarte, tornarte conciencia en estado puro, sin la menor interferencia de la materia. Tienes que adoptar la naturaleza de una entidad virtual, un Avatar. Ese *No Ser,* o pérdida del Yo material, es lo que según propugna el budismo logran las avanzadas técnicas meditativas como el zen: trascender a la parte más burda o material del Yo, incluso perder la noción del Yo, para sublimarse con el *Dharma*, la Súper Conciencia Universal, Tao, Inconsciente Colectivo, etcétera. Porque la Cosmología y la Ciencia no son opuestas ni contrarias, sino que parten de la misma esencia.

El Otro Yo Virtual, o Avatar, es una imagen de ti mismo con la que podrás trasladarte *al otro* lado del Espejo Mágico transformado en onda. Con ello podrás re-crear el futuro que deseas para luego materializarlo en tu momento físico presente. Tu otro Yo Virtual tirará de ti desde el futuro, para influir, sobre todo, en tu estado cuántico actual y transformarlo en esa realidad que imaginas como deseable.

La configuración y creación del Otro Yo cuántico y su proyección hacia el *otro lado* de la realidad es la base del proceso denominado por Jung Imaginación Activa, un *diálogo* virtual en imágenes contigo mismo, con tus Arquetipos, para reorientarlo transformado (idealizado) hacia el futuro, imaginándotelo tal y como lo deseas. Me refiero a la sublimación de todos tus Arquetipos, forjando uno superior, denominado Avatar o Súper-Arquetipo, que Carl Jung relacionó precisamente con la figura mística del Cristo resucitado y redentor del ser humano.

La Imaginación Activa crea el contexto adecuado para que tu cerebro y tu sistema nervioso central puedan alcanzar el colapso cuántico que materialice lo que deseas. La Imaginación Activa constituye la parte práctica de todo el proceso *sincrónico*, el esfuerzo voluntario para convertir lo imaginado en real. No es una teoría, sino una psicotécnica creada por Carl Jung para potenciar en alto grado la creatividad interior y reconectar la conexión escindida entre Inconsciente Colectivo y subconsciente personal, como él mismo lo definió: «La imagen es un vehículo de la emoción, es su energía, y con ella se facilita el acceso a la consciencia, es decir, que toda emoción es factible de transformarse en una imagen. Toda imagen conforma un acto creativo y es por ello que lo Inconsciente Colectivo fundamenta la creatividad».

Este proceso puede ser activado mediante imágenes elaboradas por la conciencia con suficiente intensidad. No se trata de *pensar en positivo*, porque pensar no es lo mismo que imaginar. Tener pensamientos como si nos hubiéramos dejado el grifo de la mente abierto, sin el control de la conciencia ni de la voluntad, es algo que hacemos a cualquier hora y de manera inconsciente. Y lo único que genera es dispersión y fatiga mental. Por ello, ser consciente de lo que piensas es el primer paso para enfocar la mente hacia una dirección en particular.

Así es como funciona la meditación: primero siendo consciente de lo que se piensa y luego focalizando el pensamiento en algo en concreto, un punto, como puede ser la llama de una vela, o la figura simbólica de un mandala, recitando un mantra o cualquier otro elemento simbólico dirigido al subconsciente. Pero lo más práctico es focalizar la mente en aquello que deseas conseguir, y actuar como si ya lo hubieras conseguido.

Durante la siguiente fase meditativa, todo pensamiento ha de ser eliminado, silenciar la mente, cerrar el grifo, con el fin de que la conciencia sea libre para crear de la nada una imagen limpia, que surja de lo más profundo. Los budistas lo explican precisamente con la metáfora del espejo. Si el espejo de tu conciencia no está limpio reflejará una imagen distorsionada, una turbia mezcla entre lo viejo y lo nuevo, entre los pensamientos antiguos y las nuevas imágenes. La realidad que una persona crea en tal caso es una realidad obtusa. Toda persona es la imagen del reflejo que ha creado en su conciencia.

Tal y como explica la experta junguiana Sallie Nichols: «Algunas veces, el problema con el que nos enfrentamos parece irresoluble, inasequible a través de cualquier acción. En estos casos es asombroso ver cómo, al alcanzar una armonía interior, automáticamente resolvemos nuestro problemas exteriores».

Carl Jung desarrolló la Imaginación Activa para limpiar el espejo y crear imágenes que materialicen la realidad que cada persona desea según su destino particular. «La Imaginación Activa produce cambios milagrosos en la corriente principal del Inconsciente Colectivo», indica Nichols. Eso quiere decir que la conciencia individual modifica la conciencia colectiva. La realidad global es la suma de todas las conciencias colectivas. Cuando la mayoría tiene sucio el espejo de su conciencia, la realidad exterior es una consecuencia de la interior.

Pero antes de proseguir es necesario definir mejor el concepto de realidad. ¿La realidad es lo que vemos con los ojos o va más allá? Por ejemplo, la luz infrarroja no puede captarla el ojo y, sin embargo, existe, tiene influencia en la materia de nuestro entorno, ya que gracias a los rayos infrarrojos funcionan diversos aparatos del hogar, como el mando a distancia del televisor. Por su parte, la luz ultravioleta puede captarla el ojo, que, sin embargo, no puede ver sus consecuencias, entre otras el efecto Hertz o fotoeléctrico. Para Lacan, creador del Conductismo, inspirado en la psico-analítica de Jung, lo real no es la realidad, sino lo que cada persona en particular interpreta como real. Dicho de otro modo: el rol (Arquetipo) que cada uno representa en la obra de teatro de la vida. Lo real para cada ser humano implicado en el juego «es aquello que, imposible de ser simbolizado, queda eximido respecto a lo simbólico». Por eso, la conciencia debe reflejar lo más profundo de la realidad individual, desvelando la parte oculta que la persona relega como irreal dentro del subconsciente, pero que también existe.

La Imaginación Activa trabaja en la realidad individual para modificar la colectiva, proyectándose desde la mente subconsciente al Inconsciente Colectivo. Es decir: al perfeccionar al individuo, perfecciona al colectivo humano, la sociedad en general. Es obvio que si una persona es feliz, porque logra lo que desea de la vida, porque toda su existencia es coherente con el objetivo que se ha marcado como destino vital, sus intervenciones con cualquier gestión o semejante se verán contagiadas por su poderosa irradiación emocional.

Como vemos, la creatividad es fundamental para poner en marcha la imaginación y viceversa. Imaginación y creatividad constituyen el bucle que actúa dentro de la conciencia para transformar la realidad. Pero cuidado, ya he advertido que imaginar no es pensar o abandonarse a la ensoñación, ni mucho menos fantasear. Ya lo dijo el gran arquitecto catalán Antonio Gaudí, «fantasía viene de fantasma, yo prefiero la palabra imaginación». Por su parte, Bill Gates afirma: «El valor principal de Microsoft es la imaginación». Y según Albert Einstein, «la imaginación es más fuerte que el conocimiento».

«La Imaginación Activa no es un estado psíquico de disociación –deja bien claro Carl Jung–, sino más bien de una participación positiva de la conciencia. Así como la forma pasiva de la fantasía no es raro que evidencie el cuño de lo patológico o por lo menos de lo anormal, su forma activa suele ser una de las supremas actividades del espíritu humano, pues en ella confluyen la personalidad consciente y subconsciente, unificando a ambas».

Proyección cuántica

Desde hace años he venido estudiando el fenómeno místico de la proyección astral, sobre todo en las tradiciones orientales, como el budismo y el taoísmo. La meditación trascendental puede ser tan profunda como un trance. Al entrar en esa fase cerebral de alta frecuencia vibratoria (Gamma), la conciencia puede abandonar el lastre del cuerpo físico y proyectarse hacia otros planos de realidad espacio-temporal, hacia otras dimensiones cuánticas, convertida en onda. Los monjes budistas alcanzan ese alto grado de proyección tras la práctica continuada de la meditación zen.

La Proyección Cuántica no es una disociación, sino un desdoblamiento, la creación de un alter ego virtual para que te vincule con el futuro deseable y en potencia que deseas alcanzar. Para desarrollarla he recurrido a mis conocimientos y práctica de años en la meditación zen y la Sofrología. Pasar al otro lado del Espejo Mágico supone abandonar el Ego, el Yo creado por la mente, y hacerlo sólo mediante la conciencia, y para ello es útil la meditación trascendental, una técnica milenaria que logra la liberación de la materia por medio de la focalización mental sobre la propia imagen del espejo de la conciencia.

Para dejar libre la conciencia necesitas desprenderte del cuerpo, que vibra en una longitud de onda demasiado pesada y material. Con ese fin, te propongo una experiencia mágica: la creación de una emulación virtual pero mejorada de ti mismo, que te servirá para crear el futuro ideal, por medio de la Imaginación Activa. Es como una película en la que tú eres al mismo tiempo personaje protagonista y director escénico.

No necesitas meditar como en Oriente. Para ello existen otros métodos, igualmente válidos, elaborados con una filosofía más acorde a la occidental, como la meditación clínica estandarizada o la Sofrología. Lo importante para generar el tipo de ondas cerebrales adecuadas para producir el colapso cuántico es la relajación y la concentración, a la que se llega por medio del control consciente de la respiración y la imaginación.

La concentración y la respiración de las artes meditativas orientales tenían como finalidad emitir una determinada onda cerebral que vibrase de manera sincrónica con la realidad inmaterial, para transformarla por resonancia. Como ya hemos visto antes, para que la mente influya en la onda de probabilidad (sincronice) con la materia, el cerebro debe emitir cierto tipo de onda, lo más coherente y sincrónica posible.

Hasta no hace mucho se pensaba que las ondas Theta eran las más coherentes, pero un estudio mediante electroencefalografía (EEG), realizado para estudiar el cerebro de los monjes budistas mientras practicaban la meditación zen, dejó al descubierto un tipo de onda todavía de mayor coherencia en su longitud y vibración: las ondas Gamma.

La sincronía entre cerebro y todo cuanto le rodea sube de nivel cuando genera ondas Gamma. Es entonces cuando el pensamiento enlaza con el Inconsciente Colectivo, con la Fuente Universal o Universo Cuanto (los monjes budistas le llaman Nirvana) y la persona vibra con toda la naturaleza que le rodea, trasciende el cuerpo físico y la conciencia cobra mayor presencia e intensidad.

Al ser más conciencia que cuerpo, más mente que materia, la persona puede atravesar los umbrales cuánticos, el pensamiento se torna onda de probabilidad y cruza el Espejo Mágico, más allá del tiempo y del espacio. Por eso, los budistas creen que el alma es la conciencia de la persona que gracias a una intensa práctica meditativa trasciende su propio cuerpo y permanece voluntariamente a medio camino entre los dos mundos, el cuántico y el material, el físico y el metafísico o el espiritual. Para ellos, quien logra dicha trascendencia es un *bodhisattva*, lo que definiríamos como una persona en espíritu.

Las ondas Gamma son muy rápidas, coherentes y de altísima frecuencia, y oscilan entre 40 y 100 ciclos por segundo. Las oscilaciones del sistema nervioso central varían entre los 30 y los 80 hertzios. Cuando las ondas Gamma lo aceleran más allá de dicho umbral, el giro del Spin modifica el estado cuántico molecular de todo el cuerpo humano, y todo el físico resuena en dicha frecuencia, empieza a ser más onda que partícula, y se desintegra, pierde su cualidad de materia.

No se trata ni de parapsicología ni de ciencia ficción. Permíteme que te lo justifique con datos y fechas. En 1921, Stern y Gerlach demuestran que la disposición espaciotemporal de las partículas subatómicas, denominada por la física *momento angular* o *cuantización del espacio*, afectan a la molécula. Gracias a ello, Goudsmit y Uhlenbeck descubren cuatro años después el efecto Spin (del inglés *to spin*, que significa «girar»), la polarización de la partículas subatómicas transformando la realidad material, que hasta entonces parecía inmutable.

La conciencia influye en la materia

En 1928, por las mismas fechas en que conoce a Jung, el físico Wolfgang Pauli formula el Spin matemáticamente, comparándolo al movimiento de los astros alrededor del Sistema Solar. La idea le vino mientras estudiaba la sincronización de los movimientos planetarios descubiertos por Kepler. Según Pauli, el Spin podía ser variado mediante la observación. Un acto de conciencia puede influir, por tanto, en la realidad circundante, ya que de acuerdo con las antiguas cosmologías, el microcosmos y macrocosmos están relacionados en la conciencia humana.

Wolfgang Pauli descubrió que la materia está en función de su vibración y su momento angular o cuantización espacial. Por ejemplo, la luz es materia (fotones) que vibra en una determinada longitud de onda. Mejor dicho, es al mismo tiempo vibración y materia. Si la conciencia se detiene en dicho momento angular, la onda se torna partícula, lo que hasta el momento era sólo una de las múltiples opciones cuánticas (onda de probabilidad), y se materializa convertida en realidad. El cerebro humano está facultado para realizar todo esto.

Nos estamos refiriendo al denominado Efecto Observador: a nivel subatómico, la partícula deja de ser materia cuando alguien la observa, de tal modo que lo que definimos como *realidad* depende mucho de cómo se percibe y de quién la observa. En otras palabras: la realidad es una consecuencia del modo en que la conciencia (el pensamiento) influye en la materia.

Pero para ello hace falta que la mente del observador vibre al mismo nivel de la onda que desea materializar. Así es como *sincronizamos* con todo el universo cuántico que nos rodea (Inconsciente Colectivo), el océano de posibilidades en potencia que podemos materializar. Dicho de otro modo: tu conciencia influye en la materia de tu propio cuerpo, y por eso puedes utilizar la Proyección Cuántica en el restablecimiento de cualquier dolencia física que te aqueje, usarla para reprogramar tu mente hacia el aprendizaje, la consecución de nuevas aptitudes o para erradicar malos hábitos. Y también para que influya en la realidad material que te rodea, triunfando en el Juego de la Vida.

Esto es posible porque la conciencia *flota* por encima de la materia, se libera y tiene acceso a otras dimensiones o planos de la realidad: el Quantum, el Inconsciente Colectivo, el Archivo Akásico, según las tradiciones ancestrales, donde permanece toda la información acumulada perteneciente a la mente de todas las personas que ahora mismo pueblan el planeta (alrededor de 6.000 millones), así como las que han vivido desde los orígenes de la vida humana (cerca de 20 billones), una súper-conciencia, un inmenso cerebro virtual de potencia extraordinaria. Porque todo cuanto está contenido en la mente humana es información (bits), y la información es inmarcesible, permanece codificada en ese gran servidor informático en la Nube que significa el Inconsciente Colectivo.

Sin embargo, para generar el tipo de onda cerebral más adecuado a este fin hace falta una psicotécnica que te permita entrar en tal estado de conciencia y salir cuando lo deseas, lo mismo que logran los monjes budistas. Las ondas Gamma inducen una gran aceleración molecular, necesaria para producir el colapso cuántico, materializando lo que la persona imagina en dicho estado. Las ondas Gamma se producen durante breves períodos, aunque las personas entrenadas pueden prolongar su duración mediante métodos meditativos.

La práctica de la meditación suele ser trabajosa y aburrida cuando no se tiene costumbre, por eso es tan poco habitual todavía en Occidente, aunque va ganando adeptos gracias a técnicas como el yoga. Pero la meditación no es yoga, sino que va más allá de la relajación física para lograr una máxima concentración mental, que requiere un esfuerzo considerable. Paralizar el pensamiento, frenar la respiración, focalizar la mente. Resulta bastante incómodo.

Los orientales, principalmente China y Japón, hace miles de años que practican la meditación chan (término chino) o zen (término japonés), como un sistema vinculado a lo filosófico y espiritual, aunque no exactamente religioso, ya que no se trata de una práctica moral, como pueda ser la oración, sino estrictamente psico-física. De hecho, los monjes budistas practican el zen a diario pero sin finalidad, como un modo de vida. Pero existen otras opciones.

A mediados del siglo XX, el psiquiatra colombiano Alfonso Caycedo, tras estudiar durante varios años diversas técnicas meditativas en China, India y Japón, sintetizó la esencia en un método de práctica que completó con un sistema de alta concentración mental denominado Pensamiento Autógeno de Schultz. A este nuevo sistema lo bautizó con el término Sofrología, que se convirtió con el paso de los años en uno de los métodos de relajación física y concentración mental de carácter occidental más eficaces, muy usado en el deporte de alta competición.

En su máximo grado, tras al menos tres meses de práctica diaria y continuada, la Sofrología logra producir ondas Gamma, que la persona entrenada puede dirigir hacia las imágenes mentales de lo que desea materializar en su vida cotidiana, ya sea la curación propia o la programación de objetivos personales o profesionales. Los resultados no dejan lugar a dudas respecto a su poderosa eficacia.[3]

Las ondas Gamma te permitirán atravesar el Espejo Mágico hacia el otro lado, la realidad cuántica, sin tiempo y sin espacio, para generar los cambios que deseas en tu vida. Pero no se trata sólo de imaginarlo, sino de vivenciarlo con intensidad, de sentirlo, de trascender más allá de lo real para penetrar en un ámbito virtual, sin límites ni medida, donde todo es posible, tanto que te parecerá magia. Por cierto, que Mago deriva de Maja, el espejo en el que, según la mitología hindú, Brahma se contempla a sí mismo. De ahí los términos magia, mágico, imagen e imaginación. Por eso, para Erik Davis, «la magia es la ciencia de la imaginación, el arte de la ingeniería de la conciencia y el descubrimiento de las fuerzas vitales que conectan el cuerpo-mente con el mundo físico».

---

3. Tienes más información sobre cómo aplicar dicha técnica en mi libro *Sofrología: control absoluto sobre tu mente, tu cuerpo y tu corazón* (editado en formato digital y a la venta en Amazon).

La Imaginación Activa en la práctica

La Imaginación Activa utiliza la capacidad mental de crear imágenes virtuales en el espejo de la conciencia para producir cambios materiales, tanto en el cuerpo como en la realidad que te rodea. La Imaginación Activa no es una técnica, sino una facultad natural que toda persona puede utilizar. Se trata de creatividad, de generar un cambio en el cuerpo y en el entorno por medio de la concentración dirigida sobre lo que deseas materializar.

Cualquier persona, hombre o mujer, sin importar su nivel social, económico ni cultural, puede activar este poder para mejorar su existencia. Lo que logra cambiar tu vida es la idea, no el pensamiento. Los animales también piensan, pero son incapaces de generar ideas. El pensamiento es pasivo, una gestión intelectual de la mente que siempre intenta conceptuarlo todo. Pero la imaginación es activa, virtual. Una idea no llega del pensamiento, sino de la imaginación. La idea constituye la síntesis, el salto cuántico que puede materializar lo imaginado y convertirlo en realidad.

La imaginación es una facultad exclusiva del ser humano, tan poderosa que con ella puedes trasladarte más allá del mundo físico y material. Por eso Leonardo da Vinci la denominó «el vuelo de la mente». Las mayores creaciones del arte, los mayores avances en la medicina, la física o la tecnología son fruto de la imaginación, de crear en la mente la imagen de lo que no existe todavía. Cualquier creador actual sabe que lo que tiene valor en este mundo es la idea.

Por eso no me refiero a cualquier tipo de imaginación, porque no se trata de pensar, ensoñar o dejar vagando la mente. Se trata de la capacidad de crear lo que todavía no existe y convertirlo en realidad. Algunas personas hacen esto de modo natural, precisamente como el gran artista e inventor Leonardo da Vinci, el genio del Renacimiento. Para ello, es necesario concretar lo imaginado, que no quede tan sólo en imágenes mentales parecidas a las de un sueño.

Cuando concretas lo imaginado en una idea, práctica o novedosa, única y diferente, sobre todo útil para solventar alguna necesidad, la sociedad se transforma y avanza, mientras que tú alcanzas los beneficios derivados en consecuencia. Por eso no me canso de repetir que nuestra conciencia, de modo individual, puede cambiar el mundo que nos rodea. Ésa es nuestra responsabilidad personal. Influir en la realidad que nos rodea es posible, algunas personas lo han hecho y lo hacen cada día, sin que hasta hoy nadie haya buscado una explicación a la pregunta de por qué unos consiguen todo cuanto sueñan y para otros la vida es un dejarse llevar por las circunstancias del azar.

Un solo pensamiento, una sola idea, puede cambiar el mundo (para bien o para mal), como ha demostrado la Historia en muchas ocasiones. La moderna física nuclear y los últimos avances en la neurología están derribando el anticuado concepto determinista de lo que somos y de lo que podemos llegar a ser. En un estado de máxima relajación y concentración, la mente humana puede transformar lo soñado en realidad, siempre que le concedamos el tiempo suficiente para ello. La focalización mental en la imagen de ti mismo tras haber logrado (y disfrutando) lo que deseas termina por generar una vinculación más o menos intensa entre la psique y la materia, entre lo físico y lo mental.

Para mantener dicha imagen con la debida intensidad es útil la Imaginación Activa, que además te proporciona la debida relajación, muy necesaria para concentrarte al máximo nivel. Con la Imaginación Activa puedes reprogramar tu mente para que focalice todo su poder justamente en la idea de ti mismo que deseas materializar. Al cabo de cierto tiempo (alrededor de tres meses) comienzas a comprobar el resultado. Todo, personas, factores, ideas y circunstancias, parecen *sincronizar* sobre lo que deseas como si ocurriera por casualidad.

La neurología y la física (Neurocuántica) pueden trabajar unidas para generar un resultado que alcance niveles más allá de lo comprensible. Resultados muy tangibles que pueden transformar tu vida en poco tiempo. Si no controlas tu mente, tomará el control de tu existencia y te llevará por azar hacia cualquier parte, no hacia donde deseas. La Física Cuántica demuestra sin el menor género de duda que lo que llamamos azar puede alterarse mediante un acto de imaginación creativa o Sincronicidad. Cuando reprogramas tu mente para pensar de modo sincrónico, todo cambia fuera como un reflejo de tu poder interior.

Cómo proyectar tu Avatar

Ahora que tu cerebro ya sabe cómo emitir en la longitud de onda necesaria mediante algún tipo de técnica meditativa, puede crear tu Yo Virtual, tu Avatar. Cuanto más vívido y con más detalles, mejor. El Avatar puede considerarse como la creación voluntaria de lo que algunas tradiciones herméticas denominan proyección astral.

Para cruzar el umbral cuántico debes envolver tu cuerpo en un halo de luz, lo más intensa posible, y de color azul. El azul es el color arquetípico de la espiritualidad. Las apariciones de personas en distintos lugares (bilocación o viaje astral) son registradas como siluetas luminosas y deslumbrantes de un intenso color azul, como en el caso de sor María Jesús de Ágreda, conocida como *la dama azul*. Desde el Cuerpo Místico de Cristo tras la resurrección hasta la presencia de los *bodhisattvas*, los espíritus trascendidos del budismo, todos ellos son ejemplos de Avatar.

El cuerpo humano se torna luz (onda) cuando se acelera la vibración molecular, el giro del spin, mediante la influencia de la conciencia sobre la materia. Por eso, la luz imaginada en color azul intenso no es un mero recurso simbólico, sino un hecho físico necesario para la trascendencia molecular. Tu Yo cuántico debe pasar al otro lado del Espejo Mágico convertido en una entidad luminosa de una determinada radiación o longitud de onda, que sólo se consigue con dicho color.

Para el cerebro, la luz *imaginada* es tan real como la que le llega del exterior. De hecho, está demostrado que los ciegos de nacimiento, que jamás han visto la luz, imaginan con todo tipo de intensidad y detalle gracias a ello. La luz imaginada es una onda en función de tu cerebro, que puede materializarse como corpúsculo, porque las ondas emitidas por el cerebro en estado Gamma inciden sobre todo el cableado neuronal, modificando el campo cuántico de la mente, que a su vez influye en toda la química corporal, incluidos los niveles más profundos de la molécula. Por eso, la Proyección Cuántica sirve también para restablecer la salud y la integridad física en aquellas partes del cuerpo dañadas por alguna enfermedad o lesión.

La luz es el ejemplo de cómo se transforma la materia (electrón) en onda. Para ello hace falta energía, pues toda partícula está ligada a la materia de la que forma parte y no puede liberarse hasta que no se le proporcione la energía suficiente, suministrada mediante la luz. Y, curiosamente, la mejor longitud de onda para ello es la que irradia el color ultravioleta, como descubrió Heinrich Rudolf Hertz en 1887 con el denominado efecto Fotoeléctrico o efecto Hertz. Según dicho efecto, la mejor luz para liberar las partículas de la materia, transformándolas en onda, es la ultravioleta.

La energía necesaria proviene de tu cerebro en estado de máxima concentración al convertirte tú mismo en dicha luz mediante un acto de imaginación voluntaria (Imaginación Activa). Para ello, y en el estado de máxima relajación, deberás imaginar el foco luminoso ultravioleta surgiendo de tu plexo solar y extendiéndose por el resto del cuerpo. Cuanto mayor sea la intensidad emocional de la imagen creada en tu mente, mayor será la cantidad de energía que acumulas para producir el colapso cuántico y pasar de lo imaginado a la realidad.

Tras emitir la radiación azul envolviendo tu cuerpo, comienza a crear una película cuyo argumento se desarrolla en el futuro, forjando de ti mismo una imagen como deseas, con todo detalle, pero al mismo tiempo con la flexibilidad suficiente para dejar al Inconsciente Colectivo su margen de maniobra. Ese Otro Yo del futuro ha de ser lo que tú deseas. En primer lugar, tienes que verlo desde fuera, como si fuera el protagonista de la película, pero luego habrás de integrarte, mirar, pensar y sentir a través de ti mismo, he ahí la diferencia entre imaginar y crear una imagen tan intensa desde todos los sentidos que tu mente considere como real.

No basta con imaginarte, habrás de vivir *en directo*, virtualmente, dicha visión futura, trasladarte a esa nueva dimensión de la realidad en potencia. Tienes que formular en la imaginación como una película dotada de color, sonido y movimiento de ti mismo viviendo en persona y en directo la situación más ideal respecto a lo que deseas conseguir, como si se tratara de un vídeo-clip. Ha de ser una visión coherente, posible, formulada en positivo, sabiendo que lo deseado es bueno para ti y para los demás. Tienes que recrearte con ello durante al menos media hora, sin aceptar de tu voz interior juicios de valor ni centrarte nunca en las acciones o las etapas que habrás de realizar para conseguir el final deseado.

En esta fase, dedícate sólo a recrear y configurar desde todos los aspectos posibles el tipo de logro que te gustaría conquistar, el problema, error o mal hábito que necesitas erradicar o solventar. Todo con el máximo detalle. Si realizas el ejercicio por la noche y en tu cama, puedes quedarte dormido tras completarlo. Pero no te duermas durante las fases previas a la visualización, porque lo más importante de todo es la parte imaginativa, tu Otro Yo virtual.

La última fase del ejercicio se realiza en la vida cotidiana. Haz el esfuerzo diario de vivir como el Avatar creado mediante la Imaginación Activa, como el nuevo Arquetipo adoptado. Intégralo en ti. Vive cada momento de la jornada como si ya tuvieras todo cuanto deseas y has creado en el vídeo-clip. No se trata de que gastes lo que no tienes y hagas lo que no puedes, sino que tu conciencia piense sistemáticamente y en todo momento como lo haría el nuevo Yo, el nuevo Arquetipo que has comenzado a configurar en tu interior.

Durante todas las fases del ejercicio no permitas que te aborden pensamientos desmotivadores por muy *razonables* que sean. Tú insiste con el ejercicio de Imaginación

Activa como si lo imaginado fuera real. Considéralo una experiencia divertida, que a medio plazo puede cambiar tu vida. Practica por lo menos una vez al día. Tampoco lo hagas en más de dos ocasiones. Luego, emprende cualquier cosa que absorba tu atención con el fin de conceder al subconsciente su tiempo para que reciba el mensaje y lo integre como real.

Tu Otro Yo cuántico y virtual, tu Avatar, *tirará* de ti desde el futuro. Poco a poco irás configurándote como la persona ideal cuya imagen has proyectado al otro lado del Espejo Mágico para que regrese convertida en real. El futuro imaginado con tal intensidad se irá convirtiendo en tu presente, hasta que no haya ninguna diferencia. Y entonces te habrás transformado en quien deseas, forjarás tu destino particular convertido en el protagonista y director de tu propia existencia.

Epílogo

Tú puedes cambiar el mundo

El Pensamiento Sincrónico es una forma de pensar más acorde con la naturaleza de la persona, ya que permite no sólo evaluar, sino también influir en la realidad que nos rodea. Dicha forma de pensar es la más natural y deseable para crear un futuro mejor y un planeta más humano, pero hemos ido relegándola con el paso del tiempo hasta olvidarla casi por completo.

Afortunadamente, ahora sabemos que factores como la intuición y la creatividad tienen su origen en la Sincronicidad, descubierta por el reconocido psicólogo suizo Carl Jung, junto al brillante físico austríaco Wolfgang Pauli.

El pensamiento es un flujo de ondas electromagnéticas, cuyo efecto físico es verificable analizando las consecuencias que ocasiona en la propia persona y en la realidad inmediata que nos rodea. El pensamiento puede modelar nuestro futuro, influye en nuestro cuerpo y las personas (y los hechos) de alrededor. Por eso hemos de utilizarlo con inteligencia, focalizarlo hacia lo que deseamos materializar como destino personal en beneficio colectivo.

Nuestro cerebro es muy potente, puede ser nuestro mejor aliado y también, por el contrario, nuestro peor enemigo, dependiendo de cómo lo usemos. La mayoría de las personas lo utilizamos poco y mal porque desconocemos el correcto funcionamiento y sus aplicaciones prácticas, del mismo modo que quien tiene un ordenador extraordinario y apenas le saca partido.

Es curioso que de la materia cerebral (kilo y medio de grasa y proteína) surja lo que denominamos conciencia al interconectar entre sí un complejo cableado con cien mil millones de neuronas. El cerebro genera un flujo inmaterial y constante de actividad que llamamos pensamiento y que configura nuestra identidad (el Yo) y algo tan intangible y sofisticado como la conciencia.

Pero ya nadie puede negar que los pensamientos influyen y modifican la realidad, el universo físico que nos rodea, porque dicho flujo inmaterial, en cuyos orígenes no hay más que química, electromagnetismo y fluctuaciones cuánticas, genera las ideas que transforman el mundo en el que vivimos.

Índice